# A Idade dos Milagres

*Valorizando a maturidade*

Marianne Williamson

# A Idade dos Milagres

*Valorizando a maturidade*

Tradução
Júlio de Andrade Filho

PRUMO
conhecimento

Título original: The age of miracles

Originally published 2008 by Hay House Inc., USA



**Direção editorial**
Soraia Luana Reis
**Editora**
Luciana Paixão
**Editora assistente**
Valéria Sanalios
**Assistência editorial**
Elisa Martins
**Consultoria técnica**
Clene Salles
**Revisão**
Naiara Raggiotti
Maria Aiko Nishijima
**Criação e produção gráfica**
Thiago Sousa

CIP-Brasil. Catalogação-na-fonte
Sindicato Nacional dos Editores de Livros, RJ

W693i Williamson, Marianne, 1952-
A idade dos milagres: valorizando a maturidade / Marianne Williamson; tradução Júlio de Andrade Filho. - São Paulo: Editora Prumo, 2008.

Tradução de: The age of miracles

ISBN 978-85-61618-00-1

1. Maturidade - Aspectos psicológicos. 2. Pessoas de meia-idade - Conduta. I. Título.

CDD: 155.66
08-1703. CDU: 159.923

Direitos de edição para o Brasil:
Editora Prumo Ltda.
Rua Júlio Diniz, 56 - 5º andar – São Paulo/SP – Cep: 04547-090
Tel: (11) 3729-0244 - Fax: (11) 3045-4100
E-mail: contato@editoraprumo.com.br / www.editoraprumo.com.br

# Sumário

*Para minha filha,*
*a quem adoro além da conta.*

Quando damos o passo para o entardecer da vida, estamos totalmente despreparados; pior ainda, damos esse passo com o falso pressuposto de que as nossas verdades e nossos ideais continuarão nos servindo, como foi até aqui. Mas não podemos viver o entardecer da vida de acordo com o que foi estabelecido no amanhecer da vida; porque aquilo que era grande de manhã se tornará pequeno à noite, e aquilo que era verdadeiro de manhã se tornará uma mentira ao entardecer.

Carl Jung, *Stages of Life*

# Introdução

Rugas. Lapsos de memória. Não consegue se lembrar do que fez ontem. Os óculos estavam na geladeira. A pele sobre suas coxas é desigual. O traseiro está flácido demais. Os jovens se dirigem a você com pronomes de tratamento polidos, como "senhor", "senhora"... Não faz muito tempo, costumava fazer malabarismos com uma quantidade maior de malabares. Vem tendo dificuldade em reconhecer aquele rosto no espelho e fica com inveja de pessoas mais jovens. Não consegue acreditar que nunca deu a devida importância para a juventude, quando a possuía. Sente-se invisível e não tem a mínima idéia de quem é essa música que está tocando agora. Vivia antenado, mas aparentemente anda meio desligado...

Se qualquer um desses acontecimentos lhe parece familiar, então, seja bem-vindo. Talvez você precise de uma nova demão de discernimento para ajudá-lo a navegar por este solo movediço.

Cada nova experiência nos desafia com uma escolha. E o processo de envelhecer não é exceção. Agora, de que maneira essa nova fase do "não sou mais jovem" se abrirá para você – de que modo você se ambientará e habitará o espaço da maturidade em diante – é uma questão em aberto e só você poderá responder. Se escolher o caminho da não-resistência – a não-resistência preguiçosa, não naquele sentido taoísta –, então a força da gravidade vai afundá-lo. Você vai envelhecer com pouca graça ou alegria.

Mas, se reivindicar outras possibilidades, abrirá a porta para algo decididamente novo. Se aceitar a possibilidade de que esse novo realmente existe, dará espaço a um milagre. E assim vai preparar um caminho diferente, construir novas sinapses em seu cérebro e dará boas-vindas – espiritualmente e fisicamente falando – a novas energias, que, de outra forma ou num outro momento, você não estaria receptivo.

Milhões de nós estão entrando em uma "sala" – um novo ambiente – que gostaríamos de evitar, embora não possamos fazer isso por muito tempo. No entanto, se encararmos isso de forma positiva, vamos perceber que a sala não deve ser tão ruim assim... Talvez só precise de uma nova arrumação. E, então, será uma nova sala, em muitos aspectos.

A maturidade não é um território novo, obviamente. Mas o que pode ser novidade por aqui é a forma como muitos de nós estão buscando alguma coisa que esteja além das normas culturais prescritas. De acordo com Werner Erh, fundador da Organização EST[1], podemos viver nossas vidas agindo por influência das circunstâncias ou de acordo com nossas próprias convicções. E, quando atingimos a maturidade, podemos forjar uma visão mais ampla, que nos leve para além das formas de pensamentos limitadas e padrões previamente estabelecidos por gerações passadas. As circunstâncias são estabelecidas, mas as experiências que podemos obter delas não o são. Cada situação é vivida dentro do contexto que a rodeia, seja em nossa mente, seja sob influência da nossa cultura. Mas, quando iniciamos uma nova reflexão sobre o significado da maturidade, surge uma esperança para aqueles de nós que já se encontram lá.

Quando digo "esperança", não me refiro necessariamente à esperança de viver por mais tempo. Será que

1 - EST é o acrônimo para "Erhard Seminars Training", um treinamento popular e controverso surgido na Califórnia, EUA, que possibilitaria aos participantes mudanças substanciais em sua vida, por meio de técnicas que faziam sentido para muitas pessoas nos anos turbulentos da década de 1970. Esse treinamento foi muito popular até os anos 1980. (N. do T.)

quero, por acaso, me referir à esperança de mais diversão, uma vida com mais significado, mais paixão, mais esclarecimento? Absolutamente. A esperança, quando se trata do envelhecimento, não significa apenas viver mais anos, mas sim vivê-los melhor. Recentemente, sentei-me ao lado de um astro do cinema, com idade avançada, na recepção de um casamento. Agora aos seus 80 anos, ele me disse com convicção varonil que, quando o seu tempo chegou, "ele estava disposto e pronto para a próxima aventura". Parecia disposto a enfrentar o que viesse em seguida, porque estava pronto para o que quer que acontecesse, e ponto final. Parecia conectado a algum fluxo sutil de vida, que se mostrava real demais para ser interrompido, algo que não ousaria se desligar, mesmo com a sua morte.

Eu o vi novamente meia hora depois, dançando com uma mulher cinqüenta anos mais jovem. De volta à mesa, eu o ouvi bradando contra o governo como um magnífico Titã, não dando a mínima se o que ele dizia agradava às pessoas ou não. Com todo aquele ânimo, não me parecia nem um pouco que ele estivesse vivendo o fim de sua vida. Na verdade, o que ele parecia ver era um novo território à sua frente, a ser explorado como todos os caminhos que ele já atravessara.

Se não tivéssemos medo da morte, como poderíamos viver a vida? Como poderemos viver se não tivermos permissão, dada por nós mesmos e pelos outros, para dar à vida tudo aquilo que nós temos? Seria a maturidade um momento para desligarmos tudo ou o tempo de finalmente começarmos algo? Seria a hora de desistir ou a hora de reivindicar aquilo que realmente queremos? Seria o momento de se comprometer ou apenas chegada a hora de parar de cair na gandaia? Se escolhermos envelhecer no piloto automático, como numa experiência pré-arranjada, certamente não será difícil – essa situação tem postes de sinalização por todo lugar. Mas, se preferirmos criar alguma coisa nova para nós e para aqueles à nossa volta, então é importante reconhecer quão limitadas e limitantes são as convicções sobre a idade que ainda saturam o nosso mundo.

É importante constatar que podemos deixar essas convicções de lado. Muitas de nossas opiniões sobre a maturidade são ultrapassadas. São noções incutidas pelas gerações precedentes e que atualmente não servem mais para as pessoas que somos ou para o que estamos fazendo aqui.

Há pouco, encontrei uma mulher que foi um ícone político nas décadas de 1970 e 1980. Quando perguntei se ela gostaria de voltar à agitação política, ela olhou para mim e respondeu: "Não, estou com 66 anos". Apontando para uma mesa atrás de nós, repleta de jovens mulheres, disse: "Agora isso é com elas".

Fitei-a, indignada. As mulheres não conduziriam o mundo numa direção mais positiva e eu sabia que, no coração daquela antiga revolucionária, a dúvida também existia.

"Elas? Você está maluca?", eu disse ofegante, apontando para a mesa das garotas e tentando sem sucesso distinguir algum traço de seriedade no rosto delas. Quando eu disse isso, vi seus olhos brilharem. Talvez ela apenas precisasse que alguém lhe desse a permissão para admitir que ela ainda era um ser pensante. Na verdade, ela está hoje mais preparada do que jamais esteve.

Ao sairmos, a mulher me disse: "Você está certa. Vamos conversar qualquer dia, quero fazer alguma coisa radical".

Tudo o que ela precisava era de uma mudança na sua percepção. Bastou simplesmente duvidar da idéia de que seus melhores dias haviam passado para que ela saísse daquele estado resignado: "É a vez delas, agora", para um posicionamento mais honesto: "É a minha vez, agora!". Muitos de nós nos sentimos como ela: prontos, enfim, para fazer alguma coisa radical! Seja o que for que venhamos a fazer, estamos nos "coçando" para fazê-lo agora.

Mas, algumas vezes, você não tem certeza do que é essa coisa. E, mesmo que saiba, pode temer secretamente o tardar da hora. Você foi pego pela sensação estimulante de que está pronto para começar, mas, em contrapartida, vem aquele pensamento amedrontador de que o seu tempo já passou. Porém, o peso da mão dos deuses suplanta a carga da sua história pessoal. Os deuses realizam milagres a qualquer hora, em qualquer lugar, para qualquer um; a última coisa que poderia atrasá-los é o fato de você se sentir mais velho do que o habitual.

Quando se é mais jovem, o tempo parece mover-se lentamente. Então, subitamente, quando se chega à maturidade, o tempo parece acelerar. Certos atrasos podem ser trágicos, como mulheres que só perceberam que desejavam ter filhos quando seus ovários não mais suportavam, ou pessoas presas a empregos que detestam porque nunca tiveram a coragem de procurar por aquilo que realmente desejavam. Por isso é tão importante não ficarmos presos à noção de que, uma vez que alcançamos a maturidade, nossas opções são limitadas. A vida pode ser, a qualquer momento, exatamente aquilo que planejamos que ela seja. O ontem não tem o poder de determinar o hoje. Cada situação é um desafio à altura da ocasião – ou, para colocar de maneira mais precisa, cada situação permite que Deus nos apresente à ocasião –, e a maturidade não é exceção. Deus está sempre pronto para transformar água em vinho.

Não importa qual é o seu dom de nascença, ou qualquer que seja a sua missão espiritual, ou quaisquer que tenham sido as lições que você nasceu para aprender. Agora é o momento de levar isso a sério e prosseguir. Quanto mais sinceramente você levar a vida, mais verdadeiramente a vida vai levá-lo. São os seus conceitos ou crenças, e apenas eles, que determinam o que é possível agora. Este é o momento de procurar, de maneira proativa, além das fórmulas predeterminadas que você, ou seja quem for, definiu como sendo "o que é possível" neste ponto de sua vida. Não importa o que aconteceu – ou o que não aconteceu – no passado; o presente continua a ser uma fonte infinita de oportunidades miraculosas – o direito divino de compensação é o que garante isso. "Possibilidades infindáveis" não são apenas uma abstração; são uma aspiração do Universo, uma força ativa de constante e infinita elasticidade. Essa força responde não ao seu passado, mas a seu atual estado de espírito.

Na verdade, tudo o que aconteceu na sua vida até agora não tem o poder de determinar o seu futuro. Como você interpreta os eventos passados e aprende com eles é que estabelecerá o trajeto para o seu provável amanhã.

A vida nem sempre se move num arco ascendente de sucesso. Quando chegamos aos 40, a maioria de nós pisou em falso em uma ou duas destas áreas: casamento ou divórcio, problemas com os filhos, profissão, finanças, vícios, ou muitas outras coisas. Mas o ponto principal de uma jornada pela vida não é saber se caímos ou não: é saber se aprendemos ou não como nos levantar. Todo mundo cai, afinal vivemos num mundo decadente. Quem se levanta e como o faz são determinantes para o que acontecerá a seguir.

Tenho uma amiga cantora fantástica, que encantou as platéias durante anos. Além de tudo, ela é ainda muito bonita. Todas as pessoas sempre disseram que ela estava destinada ao estrelato. Mas, adivinhe, ela chegou lá aos 20, 30 ou aos 40 anos? Não, porque, como muitos de nós, seus demônios a seguraram durante muito tempo. Ela perdia uma grande reunião porque estava de ressaca ou dizia coisas erradas para os executivos, porque era imatura. Sabotava seu próprio sucesso constantemente. Foi só depois de seu 40º aniversário que todas as peças se juntaram e, finalmente, seu talento e personalidade ficaram alinhados. E o que ela pôde ver assim que isso aconteceu – todos ao seu redor também podiam ver – foi que o longo e sinuoso caminho que havia percorrido até ali apenas tinha acrescentado brilho ao seu sucesso, quando ele chegou.

O que quero dizer com "brilho" de seu sucesso? Quero dizer que camadas de entendimento se alinharam nesse brilho: as grandes e pequenas lições aprendidas ao longo do caminho e que afetaram não apenas a sua forma de cantar, mas também a sua maneira de estar no mundo; uma nova essência que transformou não só o que ela faz, mas também quem ela é. Não era apenas a sua voz, mas também a sua personalidade que precisavam amadurecer.

Algumas vezes, você não consegue mais levantar suas pernas tão alto como fazia antes na aeróbica, mas pode levantar a sobrancelha de uma forma que apenas os anos de experiência são capazes de permiti-lo. De certa maneira, essa sobrancelha levantada é mais impressionante do que aquela perna. Isso é o que a maturidade oferece: uma nova riqueza à sua personalidade. A clareza de idéias que só poderia ter vindo, como o meu pai costumava dizer, quando você teve que "aceitar as coisas boas e ruins da vida".

A nova maturidade é otimista – não aquele otimismo juvenil, quando tudo parece possível –, mas um otimismo agridoce, que se mantém apesar de sabermos agora que certas coisas não são mais possíveis. Perdemos algumas coisas que não deveríamos ter perdido, mas tivemos alguns ganhos que nem sabíamos existir. Fizemos tantas coisas em tantas áreas que acreditamos ter adquirido alguma maestria, vivendo uma vida mais responsável. Olhando para os meus colegas, concluí que muitos deles estão secretamente pensando a mesma coisa. Depois de aceitarmos que a vida não é tão fabulosa como pensávamos em alguns aspectos, percebemos que, de um jeito diferente, ela é *ainda* fabulosa.

Não é que você está se iludindo, recusando-se educadamente a aceitar que a sua juventude acabou. Você aceita os limites da idade, mas também aceita o poder ilimitado de Deus. Algo acabou, é verdade, mas também há algo novo que começou. Sua juventude não foi exatamente concluída, mais sim prolongada como aqueles encontros de fim de festa. A maturidade deve ser vista não como o fim do divertimento, mas como a salvação da ausência de significados, a sua última chance de fazer as coisas direito. A geração que agora está enfrentando a maturidade não suporta a idéia de que tudo o que ela fez foi inútil. Os padrões obsoletos e disfuncionais de pensamentos, que bloquearam o caminho para um destino mais elevado, estão sendo finalmente descartados. E, enquanto você talvez esteja se sentindo um pouco deprimido por não ser mais jovem, pode estar extasiado ao descobrir que não é mais um incompetente.

JUSTO NA HORA EM QUE O MUNDO PARECE QUE VAI LITERALMENTE EXPLODIR, caso algum adulto racional não tome uma atitude rapidamente, a nossa geração está finalmente se tornando uma geração de adultos sensatos.

A situação do mundo atual é um grande rito de passagem para a geração dos *baby-boomers*[2], como uma viagem solitária na selva para ver se somos capazes de sobreviver ou não. Se não o fizermos, evidentemente não teremos o que é preciso. Mas, se o fizermos, então "Você é um homem, meu filho!" Bem, essa foi a frase que metade de nossa geração se cansou de ouvir.

A maturidade é uma segunda puberdade. A experiência, incluindo a sua duração, está sendo redefinida. Este é um período diferente da juventude e também muito diferente da velhice. Não se parece com um cruzeiro em direção ao fim de nossa vida, ou, em rumo a algum significado. As pessoas que ainda estavam se lamentando ("Eu não sei o que quero fazer da minha vida") aos 40 anos subitamente sentem que descobriram. Parece mais o retorno do jovem amadurecido do que alguém ficando mais velho.

Em seu livro *The Longevity Factor*, Lydia Bronte escreve que adicionamos 15 anos a nossa vida... Mas no meio, não no fim. Deveríamos reivindicar esse período como uma nova maturidade, porque de fato é nova. Esse período não foi reconhecido antes porque não estava lá na forma como o conhecemos hoje. À medida que reconhecemos a existência desse novo fator psicológico na composição da vida contemporânea, construímos um recipiente para energias amorfas, dispersas, mas ainda notáveis.

Podemos abençoar e transformar a experiência da maturidade. Basta mudar as nossas noções sobre ela – noções que informam nossas células, constroem e imprimem novos registros para nossas experiências mundanas. Este trabalho consiste em fazer duas coisas: deixar para trás nossos

2 - Termo usado nos EUA para descrever as pessoas nascidas entre 1946 e 1964, pois logo após a II Grande Guerra houve um inusitado crescimento no nascimento de bebês. Esse termo também conceitualiza o crescimento econômico e demográfico. (N. do T.)

pensamentos limitadores e aceitar pensamentos ilimitados. Os nossos pensamentos estão refletidos em nossas experiências, desde o estado do nosso corpo até o estado do nosso mundo. Quando reprogramamos a nossa mente, reprogramamos o resto.

Para as mulheres, tem se tornado comum dizer que 40 anos é um novo 30, e 50 anos é um novo 40. Tenho me perguntado se queremos acreditar nisso ou se é realmente verdade. Para minha conveniência, escolhi o último. Mas é uma faca de dois gumes: por um lado, é o reconhecimento de que nossa boa aparência vai durar mais tempo; por outro, é também o reconhecimento de quanto tempo levamos para amadurecer. Aquilo que gerações antes de nós descobriram mais cedo, levamos anos para começar a entender.

Aqueles de nós na maturidade não serão chamados de "geração perdida", mas serão considerados parte de uma geração que precisou dedicar uma década ou duas apenas para se encontrar. No fim das contas, não desperdiçamos tanto tempo assim, pelo menos não enquanto nos debruçávamos sobre questões que as gerações anteriores não tinham resolvido. Demoramos tanto tempo porque, do ponto de vista físico, tínhamos muitas outras coisas para fazer.

Não se preocupe se você se sente no topo da colina. O cenário é diferente. Nós estamos removendo a colina.

Ao visitar uma colega de infância, vi uma foto dela de vinte anos atrás. A diferença era evidente, porque a radiante jovem se transformara em uma discreta senhora de meia-idade; o rosto parecia agora dizer "Eu desisti". Mas eu sabia que aquela faísca da juventude não tinha desaparecido; eu ainda podia sentir o fogo que ela tinha tido por toda a sua vida. "Esta é Linda", disse a ela mostrando a foto. "Acho que você deveria trazê-la de volta." E eu podia afirmar, pelo seu olhar, que ela sabia o que eu queria dizer.

Nós sabemos, ao menos intelectualmente, que não precisamos naufragar no desleixo ou na resignação quando estamos na maturidade. A juventude pode dar lugar a alguma outra coisa, algo igualmente espetacular, já que fomos chamados para a próxima fase de nossa existência. Podemos conscientemente reclamar uma experiência de vida mais gloriosa do que teríamos a audácia de reivindicar.

Podemos liberar o peso das dores ainda não processadas e abraçar a alegria de um coração mais sábio e mais humilde. Podemos enxergar esta fase não como um fim, mas como um novo tempo. Podemos aceitar o fato de que em Deus não há tempo. Essa nova maturidade é um apelo da alma.

A minha maior tristeza, quando olho para a minha juventude, é perceber o quanto perdi dela. E agora? Olhando para a minha vida hoje, não desejo cometer os mesmos erros. Não quero perder essa parte. Como Bonnie Raitt cantou, falando por todas nós, "A vida se torna mais preciosa quando resta pouco dela para desperdiçar".

A minha juventude foi tão repleta de milagres que simplesmente não consegui enxergá-los. Mas, sempre que me sinto tentada a discorrer sobre o modo como deixei de aceitar as coisas boas quando era jovem, lembro-me de que o Autor[3] dessas coisas boas não esgotou todos os milagres.

Envelhecer é uma benção, se tivermos sabedoria suficiente para fazer isso direito. Da mesma forma, a maneira como envelhecemos poderá ser boa ou ruim: isso depende de nós. O objetivo deste livro é levantar alguns temas

3 - Aqui a autora refere-se ao Criador, Inteligência Suprema, Deus. (N. do T.)

e esquadrinhá-los, incutindo amor em alguns dos lugares mais assustadores, vivenciando milagres que, de outro modo, poderíamos deixar escapar.

*Nota da autora: ao longo deste livro, cito extensamente* "Um Curso em Milagres". *Esse curso é um programa autodidata de psicoterapia espiritual dividido em três volumes. Não se trata de uma religião, mas da construção de uma programação mental psicológica baseada em temas espirituais universais. O objetivo pragmático do curso é a obtenção da paz interior por meio da prática do perdão.*

# O LONGO E SINUOSO CAMINHO[4]

Um dia, recebi alguns vídeos por e-mail contendo as filmagens de algumas palestras que dei em 1988. Disse à minha filha que gostaria que ela assistisse a eles comigo, para que visse como sua mãe era dois anos antes de ela nascer. Pensei que estava fazendo isso por ela, mas logo percebi que fazia por mim. Enquanto ela assistia, percebi que estava fascinada pela minha imagem, ainda não sobrecarregada pelos anos de tristeza, ainda leve e jovial em corpo e espírito. Confesso que eu também estava fascinada.

Um homem mais jovem um dia me disse: "Gostaria de tê-la conhecido quando você era mais jovem". E então tentou redimir-se (assim que me viu estremecer) dizendo algo sobre como teria adorado ter me conhecido quando eu ainda tinha todo o fogo do mundo. Pensei comigo mesma "Mas eu ainda tenho todo o fogo do mundo", mas não disse nada. O que vi naqueles vídeos foi o fogo a que ele se referiu, claro, mas vi também mais alguma coisa. Vi um fogo que eu precisava recuperar, um fogo que o mundo abafou, mas que ainda era meu se eu o quisesse – na verdade, ele já não queima na superfície, mas também não desapareceu totalmente. O fogo estava simplesmente enterrado sob camadas acumuladas de responsabilidades e decepções. O fogo em si emerge de lugares perenes.

Ao assistir àqueles vídeos das minhas palestras, fiquei surpresa ao ver minha filha tão admirada quanto eu. Não tinha percebido que ela não enxergava a sua mãe como uma mulher tão des-

4 - A autora usou títulos de canções famosas para nomear os capítulos deste livro. O capítulo 1 refere-se a uma canção dos Beatles "The long and winding road". (N. do T.)

preocupada, contando piadas com tanto entusiasmo. Naquele momento, percebi que me tornara alguém que não precisava ser – tinha descido até as águas sombrias da psique e simplesmente aceitado as mentiras que eu tinha ouvido por lá.

Aquilo que aconteceu comigo é o que acontece com muitos de nós, de uma maneira ou de outra. A idade pode nos atingir como um caminhão, jogando longe a juventude que estava em nós. Durante anos você se move em círculos, sendo aparentemente mais definido por aquilo que você não é do que por aquilo que você é agora. No entanto, lenta e seguramente, você se metamorfoseia para a próxima fase da vida – que é diferente, mas não necessariamente pior do que a anterior. O pior e o melhor dependem de você.

Lembro-me de comprar um CD de Joni Mitchell há alguns anos. A capa era um auto-retrato da cantora segurando uma taça de vinho tinto: fiquei olhando essa foto por vários minutos antes de colocar a música – e, quando o fiz, fiquei chocada. Não parecia mais o mesmo som; não soava como a Joni que eu conhecia. "Meu Deus", pensei, "ela perdeu a voz!" A elevada qualidade havia desaparecido. Eu, que tinha ouvido a cantora por décadas, não reconhecia mais o seu som. Por pelo menos cinco minutos fiquei matutando sobre por que Joni não conseguia mais cantar como antes.

Quando comecei realmente a ouvir, percebi – como é óbvio – que a voz atual não podia mais competir com a voz de outrora. Essa nova voz revelava uma profundidade adquirida, um anseio que a voz de sua juventude não tinha. Em algum lugar alquímico entre a sua alma e a sua garganta, seu passado e seu presente, as boas melodias *pops* tinham se transformado em obras de arte. As músicas leves e luminosas tinham se tornado mais profundas, estridentes, gritos da alma cortando o centro das coisas. Alguém que já era um gigante parecia ter se tornado uma deusa.

O seu caminho – e suas mudanças – são significativos para mim, dada a minha própria experiência. Tendo começado a dar palestras há mais de vinte anos, as pessoas às vezes me dizem que preferiam palestras "como nos velhos tempos." Eu sei o que elas querem dizer. Eu era irreverente. Eu era engraçada. Eu falava as coisas como se devia falar. Mas isso era nos anos 1980, pelo amor de Deus! É fácil se comportar de forma leve e jovial quando você nunca viu nada além de coisas leves e joviais. Mais tarde, quando isso deixa de ser verdade – quando décadas e décadas adicionaram dor e prazer ao seu repertório pessoal, a sua voz não pode deixar de mudar. A questão é: você vai então perder a sua verdadeira voz ou vai reencontrá-la?

As estações mudam, mas todas elas são espetaculares. O inverno é tão bonito quanto o verão, tanto na natureza quanto em nós. Não precisamos ser menos atraentes com a idade; basta compreender que estamos simplesmente irresistíveis de uma maneira diferente. Estar onde estamos sem sentir vergonha nem se desculpar é o que realmente importa. A beleza da autenticidade pessoal pode compensar a perda da beleza de nossa juventude. Meus braços não são mais torneados como costumavam ser, mas eu sei agora o que eu devo fazer com eles.

QUANDO EU ESTAVA NOS MEUS 20 ANOS, VIVIA A FASE DO "SIM": Sim, vou passar aí; sim, vou fazer isso. Quando fiquei mais velha, me acostumei a dizer "Não": "Não, não posso fazer isso porque minha filha está em casa e tenho que voltar cedo"; "não, não posso ir porque estou sem tempo". Parece que parei de pensar sobre o motivo da recusa e apenas passei a usar o "Não" como uma espécie de resposta automática a qualquer coisa fora de minha zona de conforto. E assim, minha zona de conforto começou a encolher. Custei a perceber que, numa certa idade, demasiados "nãos" tornam-se venenosos. Se não ficarmos atentos, passaremos a dizer "não" à própria vida. E é o "não" que nos envelhece. As responsabilidades de uma vida madura às vezes nos forçam a nos concentrar em coisas que estão imediatamente à nossa frente e, nesse sentido, "acomodar-se" pode ser uma coisa boa. Mas esse enfoque não precisa traduzir-se num estado de espírito constrito, oprimido e limitado. Ninguém consegue envelhecer bem se deixar de lado sua capacidade de se maravilhar com as coisas. Você pode até se ver dizendo frases como "Esse museu? Ah, já estive aqui". Mas, se visitá-lo mesmo assim, talvez perceba que o que viu lá na sua juventude foi apenas uma fração do que os seus olhos podem ver agora.

Se não exercitar o corpo, seus músculos ficarão contraídos. E, se não exercitar a mente, suas atitudes ficarão também contraídas.

Nada consegue comprimir mais a sua experiência de vida do que pensamentos constritos. Eles limitam as suas possibilidades, o que limita o seu contentamento.

Todos nós já vimos pessoas que envelheceram soterradas pela tristeza; e vimos outras que envelheceram com alegria. Está na hora de pretender envelhecer com júbilo, decidindo que a alegria da juventude é um bom tipo de alegria, mas não é a única. De fato, existe muita alegria em saber que, depois de todos esses anos, nós finalmente crescemos.

Uma onda de novas possibilidades nos atinge, alcançando a arrogante geração que chegou à maturidade com cabelos bem aparados e sem se dobrar a ninguém. O que faremos agora não é nada predeterminado, mas continuará a ser visto conforme o que escolhermos demonstrar. Podemos consentir com a declinante energia causada pela idade e submergir ao caos, ou podemos forjar de maneira impávida um novo terreno – exercendo o poder daquilo que a vida nos ensinou até hoje, afirmando a possibilidade de redenção não apenas para nós, mas para o mundo todo.

Nossa geração tem muito a se questionar, pois se divertiu durante a maior parte do tempo e amadureceu muito tarde. No entanto, agora que há menos tempo de vida disponível, estamos finalmente prontos a nos mostrar. Temos a sabedoria para sustentar aquilo que sabemos ser verdade. E espero que tenhamos coragem também. Percebemos que um capítulo do livro de nossa vida já acabou, mas talvez o próximo não seja pior. Na verdade, pode ser infinitamente melhor. Esses anos poderão se tornar motivo de celebração e momentos de muito carinho se tivermos a coragem de tomar as rédeas de nossa consciência e criar algo novo para todos.

Posso afirmar que cada um de nós passou por seus próprios dramas e viveu seu próprio percurso individual; agora nos encontramos como se estivéssemos num lugar predestinado, para compartilhar nosso "pool"[5] de talentos, inteligência, fé e esperança. Afinal de contas, estamos individualmente glorificados porque encontramos o nosso lugar dentro de um mesmo ritmo coletivo. Viajamos sozinhos, e agora faremos essa jornada juntos. O verdadeiro percurso dessa idade está longe de terminar. De certo modo, está apenas começando.

CADA GERAÇÃO VEM OSTENTANDO SEUS PRÓPRIOS DONS. O maior talento dos *baby boomers* ainda está por ser descober-

---

5 - *Pool*: Termo de origem inglesa que quer dizer agregação de interesses ou de propriedades de diferentes pessoas para a execução de determinado projeto útil e vantajoso. (N. do T.)

to, já que eles são diferentes daquilo que pensávamos. Eles nos forçaram a encarar nossos fracassos, o que nos trouxe um grande crescimento espiritual. E todo o crédito ganho merece ser compartilhado com eles.

Uma geração idealista, que pretendia fazer tudo diferente, no fim das contas presidiu uma era na qual a maioria das coisas ficou ainda pior. Cada geração, em última análise, é composta por pessoas que apenas estavam passando por ali. E, durante nossa passagem, pelo menos até agora, não fizemos muito daquilo que supostamente deveríamos ter feito.

Podemos afirmar, de muitas maneiras, que desperdiçamos boa parte de nossa juventude, não no sentido de que a vivemos de maneira frívola, mas no sentido de que a vivemos apenas para nós mesmos. Nossos pais e os pais de nossos pais tornaram-se adultos quando era natural que isso acontecesse. Nós, por outro lado, adiamos a chegada de uma verdadeira maturidade pelo máximo de tempo que pudemos. Agora, depois de ter ficado sob pressão durante décadas, a nossa maturidade latente emerge com uma sensibilidade que quase não sabíamos existir. Aquilo que deveríamos ter feito e obtido aos 20 ou aos 30, estamos conseguindo aos 40, 50 e 60 anos. Mas não é tarde demais. Não é possível que tenhamos vivido o que vivemos, sangrado o que sangramos e sofrido o que sofremos para ver tudo terminar agora. De fato, devemos muita coisa ao mundo para irmos embora assim tão facilmente. Todos nascem portadores de uma promessa – a promessa de tornar o mundo melhor. E existe um anseio de que essa promessa seja realizada, portanto nenhum de nós pode suprimi-la.

Existe uma pergunta silenciosa que ressoa estridente em nosso coração: "O que eu vou fazer com o tempo que ainda me resta?" Talvez esse tempo seja uma espécie de prorrogação, um tempo extra para fazer tudo corretamente. Talvez porque, no fundo, estivéssemos pedindo por uma nova chance de fazer algo significativo antes de passarmos para a eternidade, eternidade esta que parece ter se alongado um pouco.

O magnífico poder de nossa recém-descoberta humildade é que ela dá a devida importância a essa nova chance. Será que devemos repudiar a glamorosa falta de sentido que vem marcando a nossa geração por tanto tempo? Será que vamos reconhecer os sombrios padrões de nosso passado e nos mobilizarmos para mudá-los? Iremos brandir os poderes das lições que aprendemos? Seremos capazes de nos alinhar com o pulso criativo do Universo, preparando o terreno para um futuro glorioso, no qual ninguém poderá dizer que desistimos, mas que, finalmente, conseguimos? Depois de atingir certo ponto, a porta giratória volta novamente – mas apenas uma vez. Temos que fazer tudo direito desta vez, ou vamos morrer tentando.

Aquilo que temos chamado de "maturidade" não precisa ser necessariamente o ponto crítico a caminho da morte. Pode ser um ponto de virada para uma vida que não conhecemos quando éramos jovens e arrogantes demais para apreciar os seus limites. A idade nos deixa mais humildes, é verdade, mas também nos desperta para entender como a vida é preciosa e tão frágil. Nesta altura, devemos nos tornar mais adultos e zeladores deste precioso planeta. Zeladores não apenas no exercício da função, mas também no sentido de zelar apaixonadamente. Devemos fazer deste planeta a casa de nossos sonhos, até o momento que Deus nos chame.

A consciência de que não somos mais jovens colide

com um sentido de urgência histórica. Nossos olhos estão abertos para a gravidade deste momento, e nosso mais profundo desejo é fazer alguma coisa quanto a isso. Enquanto renovamos nosso compromisso com o curso da vida, o curso da vida renova-se em nós. Nós nos sentiremos perdoados por um passado que não foi o que deveria ter sido apenas quando nos comprometermos com um futuro que pode ser, e será, tudo aquilo de possível. Nesse momento, finalmente teremos evoluído.

O filho pródigo chega tarde em casa, depois de ter se divertido bastante, mas seu pai regozija-se ao vê-lo. E o nosso Pai faz o mesmo.

Onde quer que você tenha estado e independentemente do que tenha feito até agora, toda a sua vida contribuiu para este momento. Agora é a hora de irromper em sua grandeza – uma grandeza que você jamais poderia ter alcançado sem ter passado exatamente pelas coisas pelas quais passou. Tudo o que você viveu foi colocado à prova e burilado pelo moinho que transformou você naquilo que é hoje. Não importa o quão profundo você desceu, porque em Deus não há limites para o quão alto você pode voar agora. Não é tarde demais. Você não é velho demais. Está no momento certo. E é melhor do que imagina.

*Caro Deus,*
*Que cada fase de minha vida*
*seja abençoada.*
*Que meus temores não impeçam Seus milagres.*
*Permita que eu envelheça em profundo amor.*
*Nesta, como em todas as outras coisas, caro Deus*
*Que o mundo não me desvie da Sua luz.*
*Amém.*

# Você acredita em magia?[6]

Num certo ponto da vida, tudo passa a ser mais sobre quem nos tornamos do que sobre quem poderíamos vir a ser. Você começa a analisar as coisas como se o futuro tivesse se transformado no presente, e não consegue deixar de pensar como sua vida poderia ter sido melhor se você a tivesse vivido mais plenamente na juventude. Mas como isso poderia ser possível? Afinal, você estava ocupado demais, pensando em seu futuro!

Quando você ultrapassa certa idade, não consegue mais aceitar o fato de que desperdiçou minutos preciosos da juventude ao não aproveitá-la totalmente. E a última coisa que pretende fazer agora é roubar mais um pedacinho da vida que lhe resta, se não conseguir curtir profundamente o que estiver acontecendo a cada valioso instante. Você foi capaz, enfim, de compreender – não teoricamente, mas visceralmente – que esses momentos são tudo que você possui.

Você não fecha mais os olhos e fica imaginando quem se tornará daqui a vinte anos; se for esperto, dará uma revisada na fita gravada de toda a sua existência para avaliar como está se saindo hoje. Você vê o presente como um ato criativo em permanente desenvolvimento, além de esquadrinhar com maior intensidade todos os seus pensamentos e atitudes, assim como sua forma de interagir com as outras pessoas. Você agora sabe que, se encarar a vida com medo e distanciamento, tudo que receberá em troca será medo e distanciamento. Você busca desenvolver

6 - "Do you believe in Magic?" – Título de uma canção de 1965 do grupo *folk* americano Lovin' Spoonful. (N. do T.)

suas forças e reduzir suas fraquezas ao mesmo tempo que observa suas feridas e pede a Deus que as cure rapidamente. Outra coisa importante: agora você tem capacidade de pedir perdão por todas as coisas que o envergonham; você não busca mais satisfação em coisas que não façam sentido internamente, nem procura a sua completude em outras pessoas. Muito menos vasculha o passado ou o futuro para encontrar sua paz de espírito. Você é quem você é, não aquela pessoa que poderia ter sido; assim como sua vida é essa que você tem, não aquela que imaginou um dia. Se você se concentrar na pessoa que é e na vida que tem, chegará à conclusão irônica e espantosa de que a graça em viver está exatamente em... viver.

Um dos meus maiores pesares foi ter perdido a peça de Natal na escola da minha filha, quando ela estava com três anos. Por um lado, uma pessoa que trabalhava para mim se esqueceu de me avisar; e eu, obviamente, devo ter emitido sinais de que não me importava com o evento ou que não tinha tempo para ir. E, agora, às vezes penso quanto não daria para ver essa peça infantil. Em vez de um sorriso, minha memória guarda um buraco.

Senti-me envergonhada de admitir, quando finalmente o fiz, que me tornara um pouco como o meu pai, quando ele estava tão preocupado com sua carreira em seus 40 e 50 anos que a sua disponibilidade emocional para os filhos era relegada para apenas um dia por semana. Aos domingos, eu estava com ele; nos outros dias, ansiava por ele. Anos mais tarde, quando sua primeira neta nasceu, ele tinha alcançado aquela idade mais afável, quando é mais gratificante ficar ao lado de uma criança do que estar presente no trabalho.

Eu costumava sentir ciúmes das minhas filhas, suas netas, para as quais ele dedicava mais atenção. Eu sabia que, se ele tivesse tido os mesmos cuidados comigo, eu teria me tornado uma mulher diferente. Ficava horrorizada ao ouvir, anos depois, a minha filha de 5 anos dizer estas palavras lamentosas: "Sinto saudades de mamãe mesmo quando ela está aqui comigo".

Ao ver os lugares onde estivemos antes, de maneira inconsciente temos o desejo de fazer tudo o que fizemos novamente – mas, desta vez, fazer direito! E, em alguns casos, conseguimos. Muitas pessoas percebem o fato de não terem tido melhores pais quando são bons avós. E é por isso que suas crianças freqüentemente os perdoam. Mas algumas situações não são tão simples assim de serem reconstruídas, por isso esses anos perdidos podem não ser recuperados. Por isso, é tão importante compreender que o momento certo para tentar fazer as coisas direito é o presente. Você nunca terá uma chance melhor.

*Caro Deus,*
*Por favor, expanda minha mente constrita,*
*Abra meus olhos enevoados para que eu possa ver.*
*Não permita que me escape o que tenho de bom.*
*Ajude-me a não falhar mais e a não desperdiçar a minha vida.*
*Prepare o meu coração para coisas melhores.*
*Amém.*

UM DIA, OLHEI A MIM MESMA no espelho em pleno ápice da autopiedade.

Ah, eu me lembro de quando era mais jovem. Minha pele era mais elástica, meus seios eram maiores, meu traseiro, mais firme, meu corpo inteiro, mais voluptuoso. Tinha muito mais energia, praticamente brilhava. Queria ter dado valor àquilo que eu possuía... e agora nunca mais terei de volta.

Então, outra voz em minha mente interveio.

"Marianne, cale-se! Deixe-me lhe dar um relatório detalhado de como eram as coisas quando você era mais jovem. Você estava sempre nervosa, seu coração vivia inquieto, sua mente em total desordem, seus desejos eram viciantes, seus amores eram trágicos, seus talentos eram desperdiçados, suas oportunidades eram perdidas e você nunca vivia em paz.

O que você fazia na época, na realidade, era exatamente o que você está fazendo agora: ficava pensando que, se as coisas fossem diferentes, você seria feliz. Então, qualquer homem ou emprego que aparecesse estaria lá para salvá-la; e agora eles não vão surgir porque você não é mais jovem. Uma chocante realidade: naqueles dias, você era bonita, mas não sabia disso. Você tinha tudo, mas não dava valor. Você colocara o mundo aos seus pés, mas nunca o havia percebido assim. Sabe como é isso? É exatamente igual ao que está acontecendo agora!"

Foi assim que começou a recuperação de minha "juventudite"[7]. Tenho "acessos" ou "recaídas" dessa doença de tempos em tempos, mas, a cada dia que passa, consigo me livrar dela cada vez mais rápido. Sei que esse "sintoma" não é nada mais do que um hábito mental para idealizar outro tempo, outra condição, outra realidade – como um modo simples de evitar a realidade da minha vida atual.

Mas, ao evitar a realidade, você perde o melhor dela. Todo mundo faz isso porque é a forma como a mente consciente funciona. Mas podemos enfrentar esse hábito

7 - Palavra inventada pela autora para expressar a nostalgia da juventude como se fosse um processo inflamatório. (N. do T.)

derrotista e cultivar uma perspectiva mais verdadeira: não importa o lugar e o tempo em que estejamos, será sempre o momento ideal. Isso não significa que não possamos ou que não devamos melhorar as coisas, especialmente nós mesmos. No entanto, favorecer o pensamento de que se nós fossemos mais jovens as coisas seriam melhores é um modo seguro de envelhecer com sofrimento.

MEU PAI UM DIA ME DISSE: "Quando você está velho, não se sente envelhecido". Posso compreender o que ele disse, quando pondero o fato de que o essencial está dentro de mim mesma, seja aos 15 ou aos 50 anos. Então, quem sou eu de verdade? Será que sou a mulher que mudou com a idade, ou continuo sendo a mesma desde sempre? Sou a mulher que está enclausurada pelo tempo ou aquela que vive além dele?

Às vezes, quando nos referimos às coisas que aconteceram há muito tempo, exprimimos pensamentos do tipo "Me lembro disso como se fosse ontem". Isso acontece porque, de certa forma, é assim mesmo. Se, como Einstein declarou, o tempo é apenas uma ilusão de consciência, então o tempo linear é uma ficção metafísica; tudo o que aconteceu está acontecendo ou virá a acontecer, está ocorrendo agora. Lá, no domínio do Eterno Agora, está o verdadeiro "Eu Sou".

O Eterno Eu habita na eternidade, e a eternidade faz uma intersecção no tempo linear em exatamente um ponto: o presente. O seu verdadeiro Eu é você agora, neste momento. Que nada mais é a não ser o Amor. A partir desse ponto essencial da Perfeição, criado por Deus a todo instante, os milagres fluem naturalmente. O Amor interrompe o passado e abre o futuro para novas possibilidades. Não importa quem você seja, nem que idade tenha aqui no presente: todas as coisas são possíveis.

É claro que, com a idade, nosso físico envelhece, mas não o Eu Espiritual. À medida que nos identificamos cada vez mais com a dimensão espiritual de nossa vida, as nossas experiências começam a mudar: daquilo que é inconstante para aquilo que é imutável... daquilo que é restrito para o ilimitado.... do medo para o amor. E, enquanto a nossa jornada pelo percurso linear de tempo fica cada vez menor, a nossa consciência consegue de fato se expandir. E, quando isso acontece, o próprio tempo é afetado. Quanto mais fundo mergulharmos no Amor que existe no âmago das coisas, mais atualizaremos nosso potencial terreno. O entendimento desse fato, imutável, é a chave para nosso poder dentro de um mundo que muda constantemente.

Ao nos alinharmos com o Eu Eterno, não envelhecemos em uma linha reta que liga a juventude luxuriante à velhice decrépita, mas sim como uma flor de lótus despertando à Luz do Sol. E o envelhecer se torna um Milagre. Fisicamente, ficamos mais velhos e então morremos. Porém, espiritualmente, ir para a frente ou ir para trás não é uma questão do corpo físico, mas sim da consciência. Quando pensamos sobre a idade de forma diferente, nossa experiência com ela se transforma. Podemos estar mais velhos fisicamente, mas, emocional e psicologicamente, continuamos jovens. Muitos daqueles que, aos 20 anos, estavam num estado de profunda decadência, parecem vivenciar um renascimento aos 60 ou 70 anos, nos dias de hoje. O rei Salomão, que supostamente foi o mais sensato de todos os homens, descreveu a juventude como o inverno e os avançados anos como um verão. Podemos estar mais velhos, mas, ainda assim, nos sentirmos mais jovens do que somos.

Quando nos tornamos mais inteligentes espiritualmente, e mais conscientes das forças subjacentes que causam a realidade terrena, então os problemas com a idade começam a se transformar. O crescimento espiritual aumenta a nossa percepção sobre o que é possível. E apenas quando percebemos as novas possibilidades é que temos a capacidade de intervir. Cada palavra dita, cada pensamento, cada ação nos ajuda a evocar aquilo que desejamos. Os velhos pensamentos criam velhos cenários, e é nossa opção abandoná-los.

De acordo com "Um Curso em Milagres", conseguimos tão pouco porque nossa mente é indisciplinada. Somos facilmente atraídos por pensamentos depreciativos, crenças limitadas e autopercepção negativa. Ninguém o obriga a pensar "Meus melhores anos já passaram", "Ninguém vai me procurar mais" ou "Perdi a minha chance". Mas tudo o que você escolher pensar será levado muito a sério pelo seu subconsciente e isso se refletirá na sua vida.

Nossas células respondem a todos esses pensamentos – cada palavra, seja silenciosa, seja manifesta, participa do funcionamento do organismo. E todos nós participamos do funcionamento do próprio Universo. Se a nossa consciência se desenvolve de maneira mais leve, tudo ao redor também se tornará mais leve. Isso significa que, a cada novo pensamento, você recria a realidade.

NA MATURIDADE, VOCÊ PASSA A ENXERGAR não mais uma estrada sem fim, mas, na verdade, o final de um jogo. Agora você sabe, em um nível visceral, que essa vida não dura infinitamente. Não há mais tempo para pegar um desvio que demore cinco anos para voltar. Não há mais tempo para fazer coisas erradas. É o fim das relações que não servem ou das pessoas ou coisas com as quais você não mais se identifica. Acabaram-se os falsos orgulhos ou os obstáculos que emergiram das profundezas da sua psique para obstruir a alegria destinada a você. Você agora quer se transformar num instrumento de precisão – focando-se exatamente naquilo que quer fazer e sendo exatamente quem você precisa ser.

Segundo uma antiga filosofia da Ásia, a vida não é um círculo, mas sim uma espiral. Toda lição de vida pela qual você passou (o que significa tudo aquilo que você viveu) vai voltar, até que você aprenda. Os desafios serão cada vez maiores, num nível mais elevado, provocados pela idéia de evolução. Tudo aquilo que você aprendeu vai lhe render os melhores frutos. E tudo aquilo que fizer errado terá conseqüências mais severas.

Aliás, qualquer coisa na sua vida que não tenha sentido ou resultados esperados reflete, na verdade, o fato de que, na época, você ainda não havia integrado as diferentes parte de si mesmo. Como você não se aceitava, acabava atraindo uma falta de aceitação por parte dos outros. Como não lidava com suas sombras, acabava manifestando situações sombrias. As suas partes despedaçadas encontravam-se nos estilhaços dos outros. Portanto, agora você já sabe: o que foi foi no passado; o agora é hoje.

A maturidade é a nossa segunda chance. Se você quer passar o resto dos seus anos simplesmente reencenando os dramas do seu passado, a escolha é sua. O mesmo roteiro voltará para a sua revisão com bastante freqüência. Se preferir, pode pegar esse roteiro e reescrevê-lo de forma deslumbrante, que vai espantar a todos.

A sua peça poderá ser encenada numa outra cidade desta vez, com personagens diferentes. Mas, na essência, a peça é a mesma. Se você está ou não pronto para interpretar o papel principal, é outra história. Posso dizer a mesma coisa quanto a você se sentir apto a receber as novas oportunidades e maximizar seus benefícios. O importante é que você atraiu novas oportunidades e elas fazem parte do seu roteiro. Agora – através do poder de sua humildade e de um sincero desejo de saber a verdade, explorando as áreas que você não ousou conhecer antes – você vai atrair as mesmas oportunidades, de forma diferente. E, claro, nosso Deus Misericordioso é quem irá enviá-las, com planos ainda maiores de abençoá-lo e àqueles ao seu redor.

Então, reescreva seu roteiro cuidadosamente. Seus personagens não devem dizer "Estou velho demais", mas sim "Estou apenas começando". "Não tenho forças" deve ser "Agora estou forte". "Foi culpa deles o que me aconteceu" deve se tornar "Posso perdoá-los", "O que posso obter dessa situação?" se transforma em "Como posso ajudar?" E, finalmente, "O que eu quero fazer?" pode ser "Deus, o que quer que eu faça?" A cada novo pensamento, você poderá conseguir um Milagre, é só mudar o seu roteiro e a sua vida.

*Deus,*
*Desejo mudar a minha vida,*
*Então por favor, Deus,*
*Transforme-me.*
*Remova todos os julgamentos de minha mente*
*E remova todo o medo de meu coração.*
*Livre-me das correntes que me aprisionam*
*E liberte o meu verdadeiro Eu.*
*Amém.*

EU ME LEMBRO DE UMA EXPERIÊNCIA VIVIDA NO RESTAURANTE que freqüentava com minha família, quando criança. O jardim dos fundos era decorado de uma forma mágica, repleto de luzes multicoloridas. Eu tinha certeza de que havia seres de outras dimensões pulando na fonte, enquanto as pessoas conversavam e jantavam. Naquele cenário de contos de fada, que só eu podia ver, uma história se desenrolava.

Décadas mais tarde, eu ainda consigo ver tudo isso.

Quando crianças, nós adoramos essas coisas, mas quando crescemos somos informados de que tudo aquilo é apenas fantasia. Somos doutrinados a viver em um mundo sem encanto, e sacrificamos muitas coisas para viver nele. O mundo não é melhor porque perdeu a sua ternura. A falta de sentido e o cinismo, o sarcasmo reflexivo que se passa por observações inteligentes, a desconfiança e o julgamento – tudo isso são os subprodutos tóxicos de um mundo desencantado. Muitos de nós desejam abandonar esse círculo de sofrimento. Queremos romper o véu da ilusão que nos separa do mundo das infinitas possibilidades. Queremos outro tipo de vida – para nós mesmos e para o mundo –, e a vontade de encontrá-lo se torna mais intensa à medida que envelhecemos.

A encruzilhada de nossa vida surge na maturidade: ou aceitamos o ponto de vista materialista deste mundo moderno, pelo qual nós continuamos a rumar pela estrada da mesmice até morrer; ou avaliamos que a nossa visita a este mundo de desencanto foi apenas um erro – o exílio arquetípico do Jardim do Éden – e agora podemos voltar ao Jardim de nossa própria escolha. Quem sabe o encantamento da nossa infância não seja uma realidade que ainda possa ser recuperada. Talvez exista uma porta para um território miraculoso que esteja simplesmente esperando por nós para ser aberta.

Pode-se considerar que sempre há outro caminho.

Num passado remoto, as pessoas que detinham a "Antiga Sabedoria" foram superadas pela intromissão da Igreja. Hoje não é a Igreja que nos oprime – ou qualquer outra instituição; o opressor é simplesmente uma forma equivocada de ver o mundo, um monstro de muitas cabeças que impõe uma realidade onde as forças da alma são periféricas. Não importa a forma que esse opressor toma, ou de onde ele vem, a única questão que vale é que você pode acreditar naquilo que quiser, sem ligar para a opinião dos outros. Aquilo que você acredita será a sua verdade.

Sofremos uma lavagem cerebral e fomos enganados pelos preconceitos da modernidade. O mundo racional e mecanicista erradicou as inúmeras cores da vida e declarou qual seria a melhor visão desta paisagem – e pronto. Quando você se dedica a desenvolver a capacidade de atuação de algumas áreas do cérebro, acaba relegando o potencial de outras. Ainda que tenhamos mapeado praticamente todos os territórios do mundo – desde o espaço cósmico até o minúsculo átomo –, continuamos alheios ao Universo Paralelo que existe em nosso mundo interior. E como poderemos navegar em um território que nos recusamos a enxergar?

Se você acha que seus olhos físicos conseguem ver tudo o que existe, então tudo bem, vá em frente. Fique nesta pequena fração da realidade percebida que você escolheu. Mas em algum ponto – mesmo se esse ponto for o momento de sua morte – nós todos saberemos a verdade. Eu já vi muitas pessoas cínicas tornarem-se místicas no seu leito de morte. Estamos aqui como se fosse um sonho materializado, do qual a Natureza Espiritual de Nossa Realidade Maior vem nos chamando para despertar. Os magos e alquimistas são apenas pessoas que despertaram dos delírios do mundo material e decidiram viver de outra maneira. Num mundo maluco, podemos escolher a sanidade.

Para que a gente consiga se mover para a frente, para a próxima fase de nossa jornada evolutiva, será preciso nos "reencantarmos". O Mago Merlin era um velho homem com uma longa barba branca. Ela não *nasceu* um mago habilidoso, mas *se tornou* um mago habilidoso. E a transformação dele, assim como a sua ou a minha, também levou muitos anos. A maioria de nós aventurou-se para longe do conhecimento que reside em nosso coração, encontrando nesse desvio um profundo significado. De fato, o Reino Místico de Feiticeiros e Castelos, bravos Cavaleiros e Dragões revelaram-se uma interpretação mais madura da jornada de nossa alma do que tudo aquilo que a chamada "realidade" jamais nos ensinou. Os contos de fadas infantis são tão fantasia quanto o mundo em que vivemos.

NO CONTO "A BELA E A FERA", UM LINDO PRÍNCIPE transforma-se numa fera horrenda, até que o Amor Incondicional o traz de volta para sua aparência real. Uau, isso se parece com quase todo mundo que eu conheço!

Quando o meu primeiro livro foi publicado, meu advogado contou-me a conversa que teve com meu editor. O editor tinha feito um comentário sobre eu ser uma "professora espiritual" e meu advogado replicou: "Nada disso! Ela escreve livros sobre espiritualidade, mas não é simplesmente uma professora espiritual". Lembro-me de querer dizer "Na verdade, John, eu acho que eu sou uma professora espiritual", mas não o fiz por medo de parecer presunçosa. Quem eu achava que era para me intitular dessa maneira? No entanto, como está dito em "Um Curso em Milagres", nós criamos aquilo a que nos opomos; no esforço para dissuadir as pessoas de pensar que eu me achava grande coisa, eu agia de um modo que reforçava essa percepção.

Oh, você acha que eu sou tão espiritual? Olha só, eu posso ser uma idiota também! Achando que estava agindo de forma humilde, eu acabava separando a pessoa que eu era quando não estava trabalhando daquela persona mais iluminada que surgia naturalmente quando eu trabalhava. O ego ampara o "eu dividido", conduzindo a pensamentos que levam aos comportamentos especializados, com freqüência, o nosso "oposto". É exatamente isso que fazemos durante a vida: viver o oposto de nossa verdade, tal como a Fera era o oposto do belo Príncipe do conto de fadas.

Nós nos exibimos, nos "pavoneamos" num estágio de ilusão, representando patéticos papéis que o nosso ego, baseado no medo, nos permite interpretar neste drama trágico, repetindo as nossas falas, sem percebermos que este não é o roteiro que nos foi destinado na vida. É como se nosso *script* tivesse sido adulterado, modificado – estamos desempenhando um papel e repetindo falas que não são nossas.

O ego não apenas se opõe à nossa verdadeira expressão, mas também nos impede de ver conscientemente aquilo que estamos fazendo. O nosso oposto se torna a personalidade que nós, e todo mundo, acreditamos ser. Então, uma vez que o ego está nos orientando como devemos nos apresentar, o mundo concorda que somos daquele jeito. Deixamos de ser os Príncipes e nos tornamos as Feras. Assim, passamos a ter duas obrigações: primeiro, a de agir como quem parecemos ser – quem não somos na realidade; e segundo, a de sermos julgados por isso.

Só quando percebi que não era arrogância, mas humildade, aceitar com honra a parte que me cabia no mundo, fui capaz de abandonar a parte do meu "eu" que insistia em me desviar desse papel.

As verdades que nos libertam das mentiras do nosso ego consistem em aceitar que Deus ofereceu a cada um de nós um magnífico papel, apenas porque somos humanos; entender que nascemos com um *script* perfeito gravado em nosso coração; que não é nosso crédito pessoal, mas sim Sua Glória Maior, o fato de sermos todos brilhantes. A compreensão mística é como um raio de luz, um beijo de Deus que nos devolve à nossa verdadeira personalidade. Cada um de nós pode abandonar o ônus de nosso falso "Eu" e permitir que nossa verdade surja.

O mundo em que vivemos hoje – e que reflete de maneira oposta nosso Amor e Doçura – recorda-nos como é extremamente importante quebrar o feitiço que foi arremessado sobre a Humanidade e recobrar nosso brilho interior. A doçura interior – que chamamos de "Cristo", "Alma" ou qualquer palavra que descreva a nossa essência espiritual – é o único lugar onde sempre estaremos seguros. O reino exterior não é o nosso verdadeiro lar. O reino interior é nosso tudo. E, até o recuperarmos, aquele reino exterior será uma terra de sofrimento para todos.

Minha natureza mística e sonhadora, quando criança, raramente encontrava aceitação em minha família ou na escola, um dilema ao qual eu respondia – como a maioria das pessoas faz quando se acha deslocada – dividindo-me psiquicamente. Separei-me de meu Autêntico Espírito, a minha psique se dividiu em dois como um dente quebrado. Meu espírito vagou muito alto, como se estivesse colocado numa prateleira onde permaneceria acessível para mim, mas invulnerável ao escárnio dos outros. Isso significa que, usando o melhor de minha habilidade infantil, coloquei meu espírito nas mãos de Deus para que ele o mantivesse a salvo.

Lembro-me de que uma de minhas amigas de infância vivia numa casa onde em um dos quartos havia um mural decorado com anjos segurando espelhos nas mãos. Esse quarto tornou-se a minha capela e eu ia até lá apenas para observar a cena. Sentia-me como se aquela pintura falasse comigo de algum lugar onde eu já havia estado e ansiava por retornar. Ficava imaginando se as outras pessoas conseguiam ver a mesma coisa.

Quando muito jovens, sentimo-nos psicologicamente expelidos de nosso lar. Esse sentimento manifesta coletivamente um mundo do qual, se não mudarmos as coisas, seremos realmente expelidos. A única maneira de remediar uma situação na qual a raça humana oscila no limiar de uma catástrofe é reparar a cisão original entre quem somos realmente e aqueles nos quais nos transformamos.

Nas palavras do poeta T. S. Eliot:

*Não devemos interromper a exploração*
*E no final dessa viagem*
*Chegaremos aonde partimos*
*E conheceremos o lugar pela primeira vez.*
*Toda vida é um microcosmo do grande drama global.*

Assim que cada um de nós recuperarmos a Verdade em nosso coração, estaremos liberados para alcançar nossa mais alta Criatividade e Inteligência. Isso abrirá caminhos que nossa mente mortal jamais poderia imaginar, levando-nos a Co-Criar com Deus uma nova experiência de vida na Terra. Realinhados conosco, vamos realinhar o mundo. E o Céu e a Terra serão apenas Um.

EM 2007, DEPOIS DE LER "Um Curso em Milagres" durante três décadas e dar palestras sobre ele mais de mil vezes, saí de uma meditação um dia e pensei: Tornei-me uma estudante avançada deste curso! Não uma instrutora avançada, e sim uma estudante avançada. E levei trinta anos para isso.

Qual é o problema com a Sabedoria Espiritual que leva tanto tempo para digerir? O modismo de hoje pela busca espiritual leva as pessoas a pensar que basta passar um ou dois anos no Ashram e *voilá*! – você está no alto da montanha. A minha experiência diz o contrário. Leva pelo menos uma década para aprender os princípios básicos da espiritualidade, outra década para seu ego tentar comer você viva, mais uma década para você tentar derrubá-lo ao chão, e finalmente você começa a caminhar mais ou menos sob a luz. Qualquer pessoa que pense que o caminho espiritual é fácil provavelmente nunca andou por ele.

E o que significa tudo isso: aceitar a luz, andar na luz, e assim por diante? Que conversa toda é essa sobre luz? Em "Um Curso em Milagres", a luz é definida como "Compreensão". Que belo pensamento: ver a luz é compreender.

Durante a maturidade, estamos normalmente conscientes sobre quais são os nossos problemas que precisam de atenção. Aprendemos que somos fortes, mas também sabemos reconhecer nossos pontos fracos. Conhecemos todas as partes do nosso ser, aquelas das quais nos orgulhamos e aquelas que devemos modificar. Temos consciência de todos os problemas que enfrentamos durante a vida. A maturidade é o momento para aprender coisas novas, tanto quanto compreender mais profundamente aquilo que já se sabe, atingindo novos níveis de autoconsciência, que, por sua vez, oferecem novas oportunidades para avançar com alegria e paz.

A maturidade não é o momento de parar de aprender; é o momento quando finalmente acumulamos suficientes pistas para ajudar a encontrar o código secreto do cofre e resolver o mistério de por que e como nos mantivemos assim vinculados por tanto tempo. Não é momento de desistir e dizer "Eu sou assim, tarde demais para mudar". Muito pelo contrário, é hora de tomar uma posição, de uma vez por todas, para reforçar seu próprio potencial. Não se preocupe por ter demorado tanto tempo para chegar até aqui; todos demoram. Não conhecemos nada até que se descubram todos os caminhos que nos levaram a ser quem não somos. Só então teremos a chance de nos tornar as pessoas que queríamos ser, as pessoas que Deus planejou que nos tornássemos desde o dia em que nascemos.

Só por essa razão, estes são anos sagrados.

Você não vai conseguir construir uma vida até que tenha reunido todas as coisas que finalmente começou a entender. E a vida seria cruel demais se, justamente nesse momento de total compreensão das coisas, ela resolvesse acionar um processo de desintegração pré-agendado. Assim como os adolescentes devem se separar de seus pais, você precisa se separar da pessoa que você era antes deste ponto, na medida em que essa pessoa não era você de verdade.

Descobrindo quem não somos, começaremos a compreender finalmente quem de fato somos.

*Deus,*
*Por favor, enterneça o meu coração*
*Onde ele estiver endurecido.*
*Por favor, ajude-me a alcançar*
*Pensamentos mais elevados.*

*Por favor, pavimente o caminho*
*Para uma vida melhor*
*Para mim*
*E para o mundo todo.*

AQUELES DE NÓS QUE VIVERAM O MÁXIMO DA VIDA, tudo de bom e de ruim, têm uma compreensão maior de como domar a fera do caos e do desgoverno que ameaça o nosso planeta. Eles aprenderam que o momento sombrio do mundo é um reflexo da escuridão dentro de nós. Será possível aprender a domar essa besta quando formos capazes de domarmos nós mesmos.

Quando você é jovem, é poderoso no sentido físico. A força da juventude não é aprendida, mas sim ofertada como um presente da natureza. Esse poder desempenha um papel que pertence especificamente aos jovens: procriar e construir uma estrutura externa que dê suporte para a vida material.

Quando nossa força física começa a diminuir, ela pode ser substituída pela força espiritual. No entanto, ao contrário dos nossos jovens músculos, a força espiritual não foi simplesmente dada a nós; ela tem que ser conquistada, muitas vezes através do sofrimento. Não pense que isso ocorre por alguma deficiência no plano da natureza. Na verdade, o plano é bem concebido: os músculos físicos não têm capacidade de suportar toda a dor sentimental – apenas a musculatura emocional é capaz disso, construída através de repetições acumuladas de ferimentos no coração.

Como pessoas maduras, carregamos conosco um elixir espiritual único. Depois de termos visto a escuridão em nós mesmos e nos outros, nos tornamos mais humildes diante da luz. Tendo sido retirados da escuridão, desenvolvemos uma devoção pelo Deus que nos trouxe essa dádiva. Tendo cometido erros de verdade, agora compreendemos em plenitude o significado de sentir-se perdoado. E, tendo sofrido, desenvolvemos maior compaixão pelo sofrimento dos homens. Nada disso é mais abstração, nós introjetamos esses princípios em nossa carne. Somos mais fortes agora, de modo como nunca nos sentimos antes. E nossa força é necessária, porque estamos entrando num tempo em que essa força interior, muito mais do que a força dos músculos, será o mais importante recurso da humanidade para sua renovação e reparação.

Sejam quais forem os poderes que tenhamos perdido com a idade, são muito pequenos se comparados àqueles que podemos ganhar. Há uma profunda satisfação em finalmente desistir de alguma coisa sem sentido, pela razão de que fizemos o máximo e agora estamos prontos para seguir adiante. É na maturidade que podemos deixar para trás aquilo que não importa mais, não porque a nossa vida esteja em declínio, mas porque ela está em ascensão. Pois, quando subimos, devemos abandonar alguma bagagem. Talvez exista mais Sabedoria Natural naquilo que está acontecendo do que imaginamos. Será que, entre todas as coisas que não conseguimos lembrar, não existe alguma que seja importante? Será que a Natureza está exigindo e não apenas pedindo que a gente simplifique as coisas? A única maneira pela qual podemos envelhecer em paz é respeitar as exigências da experiência.

É quase embaraçoso admitir, mas às vezes é um alívio quando caminhamos mais devagar. Você percebe que "o mais devagar" não é necessariamente "pior". A velocidade com que andávamos antigamente não era tão construtiva assim. Ao andarmos tão rápido, perdemos muitas coisas. Muitos daqueles que cometeram grandes erros poderiam tê-los evitado se não andassem com tanta velocidade.

Lembro-me de que, quando eu era jovem, ouvia Otis Redding cantar *"Sitting here resting my bones..."*[8], e pensava, Quem precisa descansar seus ossos? Claro que hoje eu sei. E entrei em pânico quando, pela primeira vez, me veio o pensamento de que eu estava apenas sentada lá, descansando meus ossos. Achei que tudo estava acabado porque meus ossos estavam cansados! Mas então percebi outra coisa, como se fosse um segredo cheio de culpa: eu estava adorando ficar sentada lá. E não estava participando de um retiro budista, tentando apreciar o fato de estar sentada. Eu realmente estava adorando fazer isso! E desfrutava a experiência cinética de curtir uma cadeira de balanço de uma maneira que eu não achava ser possível. Não sentia necessidade de me levantar, de ir para outro lugar, ou de fazer qualquer coisa. Com menos adrenalina, veio menos distração. Eu não tinha necessidade de justificar a minha existência por realizar alguma coisa. Foi aí que percebi que aquilo era diferente, mas não era ruim.

Às vezes, aquilo que achamos estar perdendo é simplesmente alguma coisa que precisamos deixar para trás. Talvez o nosso sistema permita que as coisas partam depois que tenhamos passado pela experiência, e agora essas coisas não são mais necessárias. Uma amiga minha estava uma vez com dois amigos, um casal com quem ela havia saído bastante durante os anos 1960. Lá pelas 22 horas a filha deles, de vinte e poucos anos, viu todos sentados no sofá e os cutucou: "Vocês nunca saem!". Os três responderam em uníssono: "Nós já saímos e já voltamos". A mente dança do seu próprio jeito. Essa geração poderia

8 - Trecho da canção "(Sittin' on) The Dock of The Bay", sucesso póstumo de Otis Redding, influente cantor americano de *soul music* morto em um acidente de avião, em dezembro de 1967. Tradução literal: "Sentado nas Docas da Baía". (N. do T.)

sacudir o mundo. Se o trabalho mais criativo é o trabalho da consciência, então quando andamos mais devagar não estamos fazendo menos, estamos fazendo mais. Além disso, quando andamos mais devagar fisicamente, nos tornamos mais contemplativos. Estamos mudando do exterior para o interior. Não a fim de abdicar de alguma coisa, mas para replantar a consciência do planeta. E é isso que está acontecendo agora: estamos mais devagar para irmos mais fundo, e assim poderemos ir mais rápido na direção do que precisa de urgentes mudanças.

*Deus,*
*Quando eu descansar,*
*Que eu possa descansar com o Senhor.*
*Eu entrego o meu espírito*
*Para que ele seja renovado.*
*Finalmente estou pronto*
*Para as mudanças.*
*Amém.*

PARA O EGO, A SIMPLIFICAÇÃO SIGNIFICA TER MENOS; para o espírito, a simplificação quer dizer ter mais. Sempre que existe uma superabundância material, a experiência espiritual é limitada. Quer se trate de reorganizar a sua casa ou abandonar relacionamentos disfuncionais, qualquer coisa que você faça para eliminar o excesso de envolvimento material deixará sua alma mais livre para voar até o seu estado natural. É por isso que, todas as vezes que nos aproximamos do topo de nosso progresso espiritual, iniciamos o processo de desapego. A idade envolve uma porção de desapegos – algumas de nossas valentias físicas, algumas oportunidades, e o desapego com nossas crianças, ao deixá-las viverem a própria vida. Ainda assim esse processo não se constitui num sacrifício da felicidade. Sempre que formos chamados ao desapego, haverá um tesouro escondido a ser encontrado nessa experiência. Nenhum nascimento pode ocorrer sem a morte.

Você é uma pessoa despreocupada antes de se tornar pai ou mãe, despreocupação que nunca vai ocorrer novamente. Mas você está satisfeito, tornou-se uma pessoa única ao ser pai, uma sensação que você nunca sentiu antes. E é aqui onde estamos. Não somos mais despreocupados, mas somos outra coisa. Somos adultos no sentido mais profundo. E esse é o novo território psicológico.

Você não consegue se lembrar do dia em que cruzou a fronteira de quem você era para quem você é. A leveza juvenil se foi, junto com todo o sofrimento. A angústia madura é preferível à angústia juvenil; ela é menos torturante. Você sabe muitas coisas agora para evitar chorar ou rir do jeito que fazia antes. É possível ver as coisas de uma perspectiva diferente, e essa nova perspectiva trouxe um novo sentido ao Eu. No nível mais essencial, você deu à luz um novo Eu.

Não existe nada mais satisfatório na vida do que o sentimento de tomar posse de si mesmo. Você não tem mais medo de que alguma fração ainda não integrada à sua personalidade separe-se de você. Finalmente você tem um lar. Explorou todos os quartos, acendeu todas as luzes e tomou posse.

É engraçado observar como o espírito começa a se abrir, enquanto o corpo começa a se fechar. É humilhante assistir ao corpo envelhecer. A história da humanidade está codificada em nossas células: em nossos ossos, músculos, órgãos e sistema reprodutivo; todos eles estão indo para outra modalidade de operação, num inconfundível movimento em direção à morte, que todos esperam distante. Ainda há muita coisa a se fazer para avivar o corpo – incluindo avivar a mente. Nós podemos transformar as forças que nos conduzem à morte para uma vida renovada e santificada.

Podemos tratar o nosso corpo não como uma coisa que está lentamente falhando, mas como nosso parceiro no renascimento. Se nos identificarmos apenas com o mundo material, a idade vai rastejar como um convidado indesejado que veio para ficar. Mas, se nos identificarmos também com nossa existência espiritual, então a nossa atitude para com o corpo torna-se um profundo apreço e gratidão. Afinal de contas, é a casa onde vive o nosso espírito. Quando andamos, fazemos ioga, comemos corretamente, tomamos vitaminas, seja lá o que for a fim de nos cuidarmos, não estamos apenas protelando a morte, mas reafirmando a vida. A cada espreguiçar, estamos ampliando a mente. E, a cada elasticidade que damos à mente, estamos ajudando a ampliar a força do corpo.

De acordo com a literatura espiritual, o corpo estará conosco enquanto ele servir à função de fazer com que a alma permaneça conosco. Quando eu era mais jovem, achava que meu corpo era algo que estava ali desde sempre, e que assim ficaria. Agora na maturidade, me sinto grata por ele continuar funcionando e a Deus por tê-lo dado a mim.

Há um quê a mais em ter de menos – menos energia, menos tempo –; cria-se uma mudança pungente em nosso senso de valor. O corpo é um milagre e me parece que, com a idade, deveria vir também uma maior disponibilidade para tratá-lo com amor e com cuidado. O seu corpo merece alguma simpatia depois de tudo o que passou. E você provavelmente também merece.

*Deus,*
*Ressantifique o meu corpo,*
*Que ele seja abençoado.*
*Verta o Seu Espírito*
*Em minha carne.*
*Que cada célula possa receber nova vida,*
*E que meu eu físico seja curado em sua Totalidade.*
*Amém.*

# No momento exato[9]

Você chegou à maturidade com uma coleção de boas pistas sobre você. A missão agora é tentar entender quem de fato você é.

Muitos de nossos problemas, se não a maioria deles, começam na infância, mais especificamente dentro de nossa família. Quando chegamos à adolescência, encaramos esse período como o momento da fuga, como se pudéssemos escapar dos problemas simplesmente saindo de casa. Apenas mais tarde chegamos à conclusão de que só existe uma maneira de evitar as conseqüências desses problemas: enfrentá-los.

Minha família tem sido um quebra-cabeça complicado, com algumas peças psicológicas estranhamente formadas. Durante anos, minha resposta básica para qualquer desconforto que tivesse experimentado em casa era ir viver em algum outro lugar e só dar as caras novamente de tempos em tempos, para uma rápida visita. Não acho que poderia agir de outra forma, tendo em vista o tipo de pessoa que eu era na juventude. Mas agora, quando alcancei outro estágio de maturidade, pude entender que tudo aquilo que eu procurava pelo mundo, tudo aquilo que eu achava que minha família não tinha – ou não podia me mostrar –, estava bem à minha frente, durante todo o tempo.

Nossa família é um microcosmo do mundo que iremos encontrar, seja viajando a longas distâncias ou mesmo a poucos passos de casa. As lições a serem aprendidas têm

9 - "The Nick of Time" – Nome de uma canção de Bonnie Raitt, cantora americana ainda muito popular em seu país de origem. (N. do T.)

tudo a ver com a fragilidade da bondade humana e com a nobreza do espírito humano; têm a ver com o sofrimento que é se tornar um ser humano e com a luta para sobreviver a essa experiência; e têm muito a ver com a alegria de saber que suas crianças estão bem e com as lágrimas de tristeza quando a vida, ou o amor, termina. Eu nunca precisaria ter saído de casa para aprender essas lições, mas se você tivesse me contado isso há trinta anos eu não teria acreditado.

Não importa se sua infância foi boa ou não, ela continua viva em suas células. Foi ela quem pavimentou os pensamentos e ações que orientaram sua vida durante décadas. Se você foi alguém agradável, atraiu pessoas agradáveis; se foi desprezível, atraiu pessoas igualmente desprezíveis. Você foi encaminhado e canalizado, de maneira subconsciente, para indivíduos e situações que espelharam os dramas de sua infância.

O novelista William Faulkner escreveu que "O passado não está morto, na verdade ele nem é passado". Até que enfrentemos nossos dramas mais profundos, estaremos sempre a ponto de reencená-los. Quanto mais ignorarmos as cicatrizes de nossa infância, tanto mais elas crescerão. Se não recuperarmos a criança que fomos um dia, nosso adulto não terá a mínima chance.

Uma das formas de ajudar essa criança é redefini-la. Como já foi dito, somos produtos de nossa família de origem, mas quem é ela, exatamente – nossa ascendência mortal ou imortal? Essa é uma questão importante, porque herdamos as riquezas daqueles que nos antecederam. Podemos ter herdado as limitações e os medos de nossos pais, mas herdamos também os milagres e o amor de Deus. Nossos pais terrenos podem ou não ter sido pessoas maravilhosas, mas será preciso compreender que não foram eles quem nos deram origem. O super-homem foi apenas criado por aquele simpático casal no Kansas.

Enquanto acharmos que nossos pais biológicos foram nossa fonte de origem, continuaremos a sentir a necessidade de nos distanciarmos deles, porque sabemos – de alguma forma – que isso não é verdade. Quando finalmente compreendermos que eles foram simplesmente pessoas comuns que nos deram a tremenda bênção de nos trazer a este mundo, e fizeram tudo que podiam para cuidar e tomar conta de nós (espero), então teremos noção da grandeza da dívida que temos para com eles. Tendo a clara compreensão de que Deus é nosso Pai/Mãe e que toda a humanidade é composta por nossos irmãos e irmãs, então, intuitivamente, passaremos a ter uma atitude mais respeitosa perante nossa família biológica. O conhecimento completo sobre quem eles representam em nossa vida – e quem eles não representam – vai nos liberar para amá-los ainda mais.

Muitas pessoas ainda não se desligaram, de maneira apropriada, de sua relação com os pais, permanecendo – ainda na idade adulta – sob o domínio psíquico que viviam na infância. Talvez a ausência de um rito de passagem mais saudável tenha levado essas pessoas a criar, inconscientemente, certos dramas dolorosos que as forçaram a um modo de vida mais maduro.

Atualmente, somos todos forçados a amadurecer. Estamos sendo desafiados pelo Universo, tanto individual quanto coletivamente, a resgatar nossos talentos com compaixão, nossa inteligência com humildade e nosso intelecto com sabedoria. O delicioso período da juventude terminou. Não somos mais crianças, agora estamos todos na linha de frente.

UM RITO DE PASSAGEM MUITO COMUM na maturidade é o declínio da saúde ou a morte de nossos pais. Aqueles que nos trouxeram a este mundo são geralmente os primeiros a partir. Eles nos deram as boas-vindas, e agora é nossa vez de dizer adeus enquanto viajam para a próxima fase da jornada da alma.

Quando era mais jovem, não conseguia suportar a idéia de que meu pai podia morrer, e esse medo persistiu durante boa parte de meus primeiros anos. Como eu poderia continuar a viver sem ele por perto? De fato, a antecipação da morte de alguém querido é ainda pior que passar pela excruciante experiência de quando isso ocorre; eu mesma descobri que a morte de papai foi uma dor menos lancinante do que o medo de que ele fosse morrer. Depois que ele morreu e, em seguida, minha irmã, não achei que minha família tinha ficado menor. Nunca achei que em vez de cinco, passávamos a ser três. Na verdade, a fotografia que tenho em minha mente é de cinco pessoas, duas delas em negativo. Mas a foto é a mesma, eles continuam todos minha família.

Meu pai era uma pessoa intensamente carismática. E isso, como sempre acontece, trouxe algumas sombras. Afinal, com meu pai tomando o papel principal para si em nossa peça familiar, quem mais poderia ter uma participação importante? Percebi uma atitude similar em relação à minha filha, ou seja, como ela lidou com a situação de que sua mãe não era exatamente, como eu poderia dizer... uma flor murcha... Eu sempre senti que ela tomou uma decisão pré-verbal: ela poderia simplesmente aceitar que sua mãe tivesse o papel principal e se contentar com um papel coadjuvante; ou ela poderia brilhar já no primeiro ato, deixando claro para todo mundo que aquela era uma peça encenada por um grupo, sem atores principais. Deus sabe que ela escolheu a segunda opção. E eu digo, ainda bem!

Espero que isso signifique que ela terá bastante experiência em estar no centro do palco de sua vida, bem antes de eu partir. Eu estarei vibrando, aplaudindo-a emocionada. No meu caso, assim como acontece com muitas outras pessoas, não tive essa experiência, não até um dos pais sair de cena. Acho que é por isso que a Natureza, em sua impecável sabedoria, mantém o padrão comum pelo qual os pais, em geral, partem em primeiro lugar.

Só quando você faz parte dessa geração que será a próxima a desaparecer que percebe o peso e a força de ser a estrela em sua vida. Quando sentimos o pesar de ver nossos pais envelhecendo e morrendo, entendemos – como meu pai costumava dizer – que a morte é parte do grande mistério. Às vezes, quando penso em meu pai, sorrio porque não o vejo mais como um homem velho. Alguém me disse uma vez que, quando morremos, nosso espírito volta a ter 35 anos. Claro que é absurdo achar que alguém saiba dessas coisas. É como aquela pergunta: "Se alguém que eu amo reencarna, isso quer dizer que ele não estará lá para me encontrar quando eu chegar ao outro lado?" Quem sabe? Eu acho que talvez exista algum tipo de realidade multidimensional, que permita a meu pai reencarnar em um de seus netos e, ao mesmo tempo, ser o chefe da recepção que dará as boas-vindas à minha mãe, daqui alguns anos. Esse "ao mesmo tempo" é que torna tudo possível. O tempo não existe!

Seja como for, o que eu sei é o seguinte: depois que ele morreu, pude "sentir" o meu pai. Posso jurar que o ouvi me dizendo, suavemente, "Oh, esta é você!". Certamente, ele não conseguia me ver integralmente, enquanto estava por aqui. Agora, eu sei que ele consegue. Por mais que ele tenha feito tudo por mim como pai, havia limites em sua capacidade, porque havia limites naquilo que ele podia enxergar. Mas a sua morte não interrompeu nosso relacionamento, nós apenas pulamos para a outra fase. E o que ele me oferece agora, em toda a pureza de espírito, é muito mais completo do que aquilo que ele deixou de dar enquanto estava na Terra. Meu pai não ficou velho e morreu. Depois de sua morte, ele se tornou muito maior do que jamais foi em vida. E me ajudou a ser muito mais do que já fui.

*Deus,*
*Por favor, resgate meu relacionamento com meus pais.*
*Se eles estiverem na Terra*
*Ou se já tiverem ultrapassado o véu da morte,*
*Que apenas o Amor permaneça entre nós.*
*Que eu não seja enfraquecido pelas suas fraquezas,*
*Mas fortalecido pelas suas forças.*
*Que eles fiquem em paz,*
*Assim como eu.*
*Permita-me perdoá-los,*
*E, por favor, perdoe-me.*
*Amém.*

NA JUVENTUDE, ENCONTRAMOS NOSSOS DRAGÕES FÍSICOS; na maturidade é tempo de matá-los, se eles ainda estiverem por perto. Esta é a hora de um firme compromisso de curar quaisquer que sejam nossos machucados da infância. Não poderá haver nenhuma vitória espiritual se isso não for feito.

Não será muito difícil de fazer isso, não tanto quanto se possa temer, se formos honestos conosco em (1) identificar claramente esses machucados e (2) descobrir quem é 100% responsável por eles. Uma determinada dor, que tenha sido infligida a você por outra pessoa, passou a ser um defeito de caráter, que, agora, é inteiramente seu. Já que costumamos projetar para fora de nós a responsabilidade por qualquer disfunção, não conseguimos alterar essa situação. Então, será preciso compreender que a cura para esse machucado reside no presente e não no passado, não importa há quanto tempo ele tenha sido feito. Seu subconsciente continuará a acionar essa dor durante o tempo que for preciso – uma pessoa de 50 anos de idade pode vivenciar a dor de uma criança de 5 – até que ela se permita curá-la.

Quando se lê na Bíblia que devemos orar como uma criança, não significa apenas ter a fé de uma criança, referese também à dor de uma criança. A maneira mais poderosa de trazer cura é orar para que Deus leve essa dor embora.

A cura de Deus não é alguma coisa que Ele faz por nós, é algo que Ele faz por meio de nós, através de nós. Só nos tornamos aptos a anular as forças mais inferiores quando nos comprometemos a buscar os pensamentos mais elevados. Esse processo é mais amplo e mais poderoso do que um *insight* psicológico. "Estou precisando de ajuda porque meus pais me abandonaram; o parceiro adequado vai compreender isso." Este é um sentimento que começa num *insight*, mas costuma nos aprisionar em vez de nos libertar. De fato, o parceiro ideal não será aquele que "compreende" e aceita seu comportamento, mas aquele que diz – amorosamente, mas com firmeza: " Saia dessa!"

Qual é a solução espiritual para isso? Orar por um milagre. "Deus, estou agindo de forma tão carente que estou destruindo meus relacionamentos. Por favor, me ajude a superar isso e mostre-me outra forma de ser." A mudança que procuramos está sempre dentro de nós.

E essa mudança virá. Eu percebi que, quanto mais eu desejava ser diferente, alguém ou alguma coisa aparecia para me mostrar como conseguir fazer isso. Aquele comportamento saudável que você não desenvolveu quando era criança, porque estava machucado ou traumatizado demais para fazê-lo, será modelado por alguém que não foi ferido em nenhuma área particular durante a infância. Ele ou ela surgirá na sua frente como se viesse do nada. Lenta e seguramente, você aprenderá a ter um comportamento igual àquele que você desejava, mas não sabia como conseguir.

Na maturidade, o nome do jogo é mudança. Estamos vivendo um momento de possibilidade quântica, não apenas em termos de nossa idade física, mas também em termos de história da humanidade. É como se o Universo estivesse se dividindo em dois – talvez esteja mesmo... Aqueles que desejarem continuar na trilha descendente da irresponsabilidade, disfunção, narcisismo, dominação e medo podem continuar; já aqueles que gostariam de irromper nas mais altas possibilidades para viver na Terra sigam em frente. Podemos escolher entre morrer do jeito que fomos até agora, ou receber a Luz de um novo sentido para o Eu.

Não iremos muito longe neste caminho que temos percorrido, nem o mundo em que vivemos. Podemos deixar partir graciosamente as pessoas que fomos até agora, tornando-nos cada vez mais transcendentes; ou fazer isso de forma irritadiça, transformando a nossa vida num caos amargo. Cada momento é uma oportunidade para dissipar as velhas energias e respirar uma nova forma de vida; dissipar o medo e inalar o amor; dissipar a pequenez e inalar a magnitude; dissipar a grandiosidade e inalar a grandeza. O renascimento é um processo gradual de acolher a pessoa que realmente desejamos ser.

Dê uma boa olhada na sua vida neste exato momento. Se você não gosta de alguma coisa, feche os olhos e imagine a vida que você tanto deseja. Agora, permita-se focar sua visão interna na pessoa que você seria se realmente estivesse vivendo essa vida tão desejada.

Note as diferenças em seu comportamento e na forma de se apresentar; passe alguns segundos respirando com a nova imagem, expandindo a sua energia dentro desse novo molde. Mentalize essa imagem por alguns segundos e peça a Deus para imprimi-la em sua mente subconsciente. Faça isso todos os dias durante dez ou quinze minutos. Se você compartilhar essa técnica com algumas pessoas, há boas chances de elas lhe dizerem que esse caminho é simples demais. Caberá a você escolher em quem acreditar.

*Deus,*
*Por favor, grave em mim*
*A visão de quem eu deveria ser.*
*Revele-me a vida mais elevada*
*Que gostaria que eu vivesse.*
*Desfaça as forças que me deixam atado*
*Para que eu possa servi-Lo cada vez mais.*
*Amém.*

ACHO QUE A MAIOR PARTE DE NÓS TEM UM SONHO, uma aspiração secreta que não admitimos a ninguém pelo medo de sermos ridicularizados. Ainda assim, esse sonho permanece como uma imagem em nossa mente e nunca desaparece.

Na maturidade, você começa a se perguntar por que a tal imagem não desapareceu. Ocorre-lhe que talvez aquele seja o seu destino, plantado em seu cérebro como uma pequena e poderosa semente. E você começa a imaginar que, se o sonho ainda está lá, é porque supostamente você deveria vivê-lo. Talvez o seu subconsciente esteja tentando enviar-lhe uma mensagem muito importante.

Durante as minhas palestras, as pessoas muitas vezes perguntam: "Quando vou saber o que está reservado para a minha vida?". Pelo menos para mim, essa pergunta mudou: a única maneira de eu saber o que fazer da minha vida é se eu me concentrar em quem eu deveria ser. Isso não significa que não existam coisas magníficas que devamos fazer, mas Deus só pode trabalhar para nós na medida em que Ele pode trabalhar através de nós. Ao focar nossa atenção em nos tornarmos aquilo que Ele quer que sejamos, asseguramos o único caminho possível de fazer aquilo que Ele gostaria que fizéssemos.

Ao alcançarmos certa idade, apresentamos a tendência de recalibrar nossas expectativas. Esperamos menos de todo mundo, uma vez que já vimos de perto que ninguém é perfeito, muito menos nós. É neste momento que ganhamos um apreço ainda maior pelo lugar onde a perfeição existe. À medida que a grandiosidade do ego diminui, a grandeza do espírito se revela. Tendo visto verdadeiramente o mundo, podemos notar que ele está deslustrado; e, tendo finalmente visto Deus de relance, podemos notar que Ele é a Luz. Assim, entendemos que ter visto a justaposição dos dois é um pré-requisito para dizermos a Ele: "Por favor, me use, eu sou Seu".

Aquela parte da sua vida que terminou, levando todas as alegrias e lágrimas, foi como um campo de treinamento. Era a gestação para a vida que agora está à sua frente. Aquele sonho secreto, carregado por tanto tempo e que você negava até para si mesmo, recusou-se a ir embora e está finalmente pronto para nascer.

Poucas vezes na minha vida eu ouvi uma voz tão clara em minha mente como agora, como se tivesse uma pessoa ao meu lado. Por um período, durante o qual pensei que tudo estava sombrio demais, e que nunca conseguiria sair dele, ouvi estas palavras: "Este não é o fim, é apenas o começo". E era mesmo.

UMA NOVA VIDA EMERGE do caráter, não de uma estratégia. Antes de perceber isso, você poderia pensar que fazer planos ou elaborar projetos para seu futuro são as chaves para abrir as portas de um novo caminho. Mas as verdadeiras chaves para a vitória são internas. O seu momento de fazer as coisas deve ser acompanhado pelo momento de seu ser, ou a incongruência irá sabotar até mesmo seus planos mais brilhantes. Tem sido fascinante observar, nos últimos anos, a queda precipitosa do alto mundo da política e dos negócios – não porque os planos não funcionaram, mas porque o caráter era inferior a esses planos. Se você falhar na arte de ser humano, estará negligentemente cortejando o desastre. No entanto, como podemos cultivar a melhoria de nossa humanidade? Como se consegue a transformação pessoal?

O que aprendi, naqueles poucos aspectos em que pude ser bem-sucedida, é que o caminho de uma vida correta é viver um momento de cada vez. Não importa se você se mostra para a vida como um tolo ou como um santo; isso tem pouco a ver com as crenças ou teologia, isso tem a ver com integridade pessoal. Não somos transformados em nossos corações pela simples crença, porque a crença não tem a ver com o coração. A mudança do coração não é alcançada através da mente, mas sim através da renúncia, da autenticidade, do perdão, da fé, da honestidade, da vulnerabilidade, da humildade e do não julgamento, e muitos outros valores que devem ser aprendidos e reaprendidos continuamente.

Podemos ignorar algumas aulas na escola, mas não podemos ignorar nenhuma das lições da vida. Elas vão nos reencontrar. Se uma lição se apresenta a nós e não a aprendemos na hora, está programado pelo Universo que deveremos aprendê-la mais tarde. Está dito em "Um Curso em Milagres" que não cabe a nós decidir o que aprender, mas que aprenderemos o que for necessário, seja através da alegria ou através da dor.

Mas, na maturidade, estamos destinados a aprender. Não importa quais partes você esteja bloqueando, você simplesmente deve ir adiante agora. De uma maneira ou de outra.

Um dos pontos mais altos na vida é permitir que a dor do crescimento pessoal torne-se uma prova severa de seu espírito, um Santo Graal alquímico através do qual o duro metal que formava o seu antigo "Eu" se torne ouro. A dor pode queimá-lo e destruí-lo, ou queimá-lo e resgatá-lo. Ela pode levá-lo ao desespero, ou outorgar-lhe maior autonomia. É na maturidade que decidimos, de maneira consciente ou inconsciente, tomar o caminho da vítima ou o caminho da fênix rediviva.

O crescimento pode ser difícil, e a elaboração de um novo "Eu" pode ser extremamente penosa. Envelhecer é uma coisa que acontece; o crescimento com Sabedoria é outra coisa, totalmente diferente. Sabemos que, em certo ponto da vida, muitos de nós nos sentimos feridos. Ficamos decepcionados. Tivemos sonhos que morreram e parece difícil perdoar a nós mesmos ou aos outros. O desafio da idade não é pular esses desapontamentos, mas sim transcendê-los. E fazemos isso ao aprender as lições que esses desapontamentos nos ensinaram, por mais dolorosos que tenham sido, saindo do outro lado dispostos a criar uma nova vida com a ajuda de Deus.

*Deus,*
*Que meu espírito renasça,*
*Que eu possa ser uma pessoa melhor.*
*Entrego-lhe a minha vergonha*

*De ter sido quem fui algumas vezes,*
*E a esperança de ser quem eu desejo.*
*Por favor, receba ambos.*
*Amém.*

NADA DISSO É FÁCIL.

O ego não tem a intenção de nos permitir crescer mais radiantes enquanto passam os anos. Nem tem a intenção de nos permitir experimentar a plenitude de sermos habilitados, alegres, como seres espirituais – mesmo que isso nos ajude. O plano do ego é destruir esse sonho – não apenas debilitando o nosso corpo, mas também nosso coração.

A partir das profundezas de nosso subconsciente, o ego magnetiza e manifesta seus pesadelos. Ele cria um falso testemunho de nossas culpas e conspirações, descobrindo formas de nos envergonhar e humilhar, transformando-se em formas insidiosas para nos ridicularizar a cada momento. Somos sugados pelo buraco negro da auto-aversão, enquanto os problemas começam a pairar sobre nosso horizonte. A cada ano que passa, perdemos tanto a coragem quanto o tônus muscular.

No entanto, isso nada mais é do que o jogo da vida, do qual todos devem participar. Nenhum de nós consegue evitar a noite, mesmo quando procuramos prolongar o dia. E a noite tem o seu próprio conjunto de lições. Nesta altura da vida, o que devemos encarar é o nosso destino: tudo aquilo que não foi curado nos é apresentado, e somos desafiados a modificar nossas feridas ou começar a morrer por causa delas.

Se você sentir, ao olhar para trás e observar a sua vida, que enfrentou forças primais e nem sempre venceu, pode estar certo de que você é muito parecido com todos os outros. É muito raro encontrarmos um indivíduo que alcançou a maturidade sem bastante atribulação. E, mesmo que suas lágrimas não sejam reconhecidas – não importa se você lhes deu a oportunidade de rolar por sua face –, não há dúvida de que elas estão lá.

Nossa geração, tão arrogante em sua modernidade, pensava estar invulnerável aos mitos e arquétipos ancestrais. Pensávamos que poderíamos evitar a descida ao nosso submundo psíquico... até que percebemos que ninguém consegue fazer isso. E existe uma razão. O submundo da dor pessoal e das crises, embora cruel, é um terreno fértil e inevitável, um lugar que existe para que nossos talentos e nossos pontos fortes frutifiquem. Nossos problemas transformam-se em nossa própria cura, quando aprendemos a reconhecer de que modo nós os criamos. Esse remédio espiritual – tão amargo de sentir ao ser engolido – um dia será percebido como aquilo que salvou a nossa vida. Do divórcio à doença, à bancarrota ou qualquer outra forma de perda, você finalmente chegará a perceber que a sua crise era, na verdade, a sua iniciação à plenitude da autonomia.

Depois de ter enfrentado o fogo de sua iniciação e sobrevivido ao seu calor, você agora pode ajudar as outras pessoas de uma forma totalmente nova. Você se tornou a testemunha viva de uma transformação na vida, agora carrega em suas células um conhecimento sagrado – e carrega em sua mente, e em seu coração, o fogo sagrado. Não é o fogo da juventude, mas o fogo de Prometeu, aquele que emergiu com a luz que iria iluminar o mundo. É uma luz que você só poderia obter depois de enfrentar seu inferno pessoal, e agora você está inoculado com o fogo intenso que o circunda. Algumas vezes, só o fogo pode extinguir o fogo, e é esse tipo de fogo que arde em você. Não é o fogo de sua destruição, ao contrário, é o fogo da sua vitória. É o fogo da maturidade.

# Só Deus sabe[10]

Quase todo mundo é assombrado pelos fantasmas do arrependimento. Eles batem à nossa porta em algum momento na vida de todos nós. Existem certas coisas que fizemos das quais nos arrependemos, e outras que não fizemos e desejávamos ter feito. Da família que negligenciamos aos amigos abandonados, das vezes em que agimos irresponsavelmente às oportunidades que desperdiçamos, todas essas situações, tão nebulosas enquanto as vivíamos, estão agora muito claras quando as olhamos em retrospectiva.

E, durante os anos de total descuido, rejeitamos aquilo que mais tarde tornaram-se as coisas mais importantes da vida; lamentávamos com angústia que procurávamos pelo significado. Durante todo esse tempo em que ansiávamos pelo significado, vivíamos sem sentido porque, na verdade, não estávamos atribuindo sentido às situações que estavam diante de nós! O sentido das coisas não é dado por elas, nós é que determinamos seus significados. Mas quem sabia disso?

É terrível reconhecer que você nunca tratou a vida com o devido respeito. E essa foi uma atitude muito comum naquela geração dos anos 1960 que agora chega à maturidade. Ao destruirmos algumas noções de moralidade em desuso, abalamos ao mesmo tempo algumas noções eternas. Na verdade, não fizemos isso para repudiar os excessos daquela época, mas porque era uma explosão

10 - "God Only Knows" - É uma das canções mais conhecidas do grupo americano The Beach Boys, do álbum *Pet Sounds* de 1966, que teria inspirado os Beatles a gravar "Sgt. Peppers Lonely Hearts Club Band". (N. do T.)

criativa que atingia o mundo todo. Ainda assim, a sombra que existia enevoava praticamente todas as coisas. E sabemos agora que, quando você encara a sua sombra, consegue dispersá-la.

Essa particular noite da alma – enfrentando a nossa auto-aversão pelos erros do passado – é como um convite para uma maturidade revitalizada. Às vezes, décadas de experiência precisam ser perdoadas antes que possamos nos sentir livres para prosseguir. Muitos de nós já enviamos e recebemos cartas ou demos telefonemas expressando coisas como "Sinto muito tê-lo magoado; eu era um idiota em 1985". Independentemente do tamanho do desconforto que tivemos que sentir para chegar lá, é gratificante perceber que liberamos o bastante de nosso passado para abrir espaço ao novo crescimento.

Algumas pessoas se perguntam a razão pela qual a energia em sua vida não parece avançar – quando, de fato, a única coisa estagnada é a sua própria falta de vontade de enfrentar os problemas que precisam ser resolvidos, as sombras que precisam ser iluminadas e os consertos que devem ser feitos para libertar suas energias e religar seus motores. Enquanto continuarmos presos internamente, nossa vida também estará interrompida internamente; a única forma de avançar para a amplitude da vida é estar disposto a ir mais fundo. Não interessa se o problema aconteceu há décadas; o desafio é enfrentá-lo e resolvê-lo agora, assim você se verá livre, nas próximas décadas, da armadilha cármica de ter sempre que reencenar seus desastres passados.

Mais uma vez, o que pode aparecer como uma fraqueza de nossos motores é freqüentemente outra coisa. O trabalho interno é feito mais facilmente enquanto estamos sentados pensando do que quando fazemos muitas coisas ao mesmo tempo. Uma agenda frenética nos ajuda a evitar um olhar mais profundo sobre nós mesmos, mas na maturidade essa negação simplesmente não funciona mais. O estilo de vida mais lento, velas e música suave em casa, meditação e coisas do gênero são sinais de um *reverdecer*[11] interno. É hora de dar suporte ao nosso real conhecimento e compreensão de nós mesmos. Conheço uma mulher que começou a sua terapia aos 80 anos. O entendimento obtido com essa atitude, compreendendo muito mais sobre a sua vida até aquele ponto, foi útil para ela e afetou positivamente a convivência com seus filhos – o que melhorou o seu relacionamento com eles –, gerando um padrão interminável de milagres desencadeados por aquela nova e profunda compreensão.

NA MATURIDADE, MUITOS DE NÓS TEMOS UMA GRANDE CARGA DE DORES EMOCIONAIS. Esse tipo de dor pode intoxicar o nosso sistema. Ou simplesmente nos dar licença para continuar. São essas as duas únicas escolhas que temos.

Algumas vezes, a depressão está para a alma como a febre está para o corpo: uma forma de queimar o que tem que ser queimado para que a saúde volte. Algumas dessas noites tenebrosas da alma podem durar meses ou anos para certas pessoas, enquanto, para outras, podem ser apenas uma ou duas noites. De qualquer forma, elas são parte de uma desintoxicação mística de nosso medo e desespero acumulados. Qualquer pensamento que não esteja reconciliado com a Verdade permanece encerrado em nossa "caixa" psíquica, posto no lixo, mas não deletado

---

11 - Segundo o *Dicionário Houaiss da Língua Portuguesa*, "dar nova força ou vigor (a); rejuvenescer (-se), revitalizar (-se)". No original, "regreening". (N. do T.)

do computador. Seja qual for a energia que não é trazida para a Luz, resignada e transformada, ela permanece na escuridão – uma força insidiosa atacando poderosamente tanto o corpo quanto a alma.

Mesmo que você tenha vivido uma vida muito boa, provavelmente carrega alguma dor – a menos que tenha morado em uma montanha isolada, onde todos a seu redor eram simpáticos durante todo o tempo. Aos seus 30 ou 40 anos, você vivia tão ocupado que não podia ser distraído pela dor, mas aos 50 anos ela faz exigências e deve ser ouvida. E será ouvida. E é muito melhor ouvi-la em sua mente e na sua alma do que receber o diagnóstico do médico depois de ler os resultados dos exames que, infelizmente, não eram muito bons...

Ao ligar a televisão, você é bombardeado por propagandas de medicamentos para dormir. Isso é compreensível, porque as pessoas que precisam acordar cedo na manhã seguinte farão qualquer coisa para ter uma boa noite de sono. Mas tem algo mais profundo nessa história, há pessoas que procuram ajuda em seus esforços para lidar com os monstros que emergem da sua psique, tarde da noite. Alguns desses monstros precisam ser soltos, libertos das cavernas onde vivem. Eles trazem mensagens de dor, é verdade, mas essa dor muitas vezes é importante. Se você não sente a culpa, como poderá buscar motivação para fazer os consertos necessários? Se você não sente a autoaversão, onde buscará motivação para agir com mais responsabilidade na próxima vez? Se você evita a dor, você perde o benefício. Ao evitar os monstros, você apenas os torna maiores. Permitir que eles saiam, e permitir que você os enfrente, é a única maneira de ter certeza de que esses monstros desaparecerão para sempre.

Não é muito divertido enfrentar as memórias do passado – não aquelas memórias lavadas e passadas, limpinhas. Mas sua verdadeira história, nua e crua, e que não é revisitada todos os dias porque, se o fosse, ela o faria encolher de medo. Não que você não queira que as outras pessoas saibam de sua vida, provavelmente esses eventos não são muito piores do que os que ocorrem com os outros. Mas é que, se você não usufrui seu melhor, a vergonha permanece como uma toxina subterrânea. Você acaba revivendo arrependimentos que o assombram, raramente (talvez) durante o dia, quando o ilusionismo gerado pelo ego mantém os fantasmas distantes; mas os revive durante aquelas terríveis noites, nas quais nenhuma droga, bebida ou sexo pode mantê-los do outro lado da porta. Os fantasmas passam debaixo da porta e pelas frestas das janelas, invadem sua mente e não há nada que possa dissipá-los.

Apenas um rigoroso trabalho de inventário moral será capaz de fazer isso – a coragem de respeitar sua consciência, de saber que, se há alguma coisa a ser revista, é melhor revisá-la agora. Mas esse é um trabalho duro. Nas palavras de Ésquilo, poeta grego, "Aquele que aprende sofre. E, mesmo em nossos sonhos, a dor que não se esquece goteja lentamente sobre nosso coração e, em nosso desespero e contra nossa vontade, vem a sabedoria pela maravilhosa graça de Deus". Não adianta ficarmos entorpecidos, dormindo ou acordados, porque isso não irá apaziguar a dor; apenas o perdão e o amor poderão conseguir isso. Então, através da alquimia da expiação, os fantasmas voltarão para sua não-existência e deixarão de invadir sua mente e coração. O passado se foi, também, e você está livre.

*Deus,*
*Por favor, perdoe-me*
*Pelos erros do passado.*
*Faça com que nem eu*
*Nem ninguém mais*
*Fique assaltado por eles.*
*Por favor, Deus,*
*Que eu possa recomeçar.*
*Amém.*

UM DOS MAIS PERNICIOSOS INSULTOS EMITIDOS PELO EGO é o receio de que "O tempo está acabando". O tempo se expande simultaneamente à nossa consciência. O nosso inimigo não é o tempo, mas a falsa percepção sobre ele.

Como a Bíblia diz: "E não haverá mais tempo". Mas, em vez de um mau presságio sobre o fim do mundo, talvez isso indique o fim de nossa maneira de vivenciar o tempo agora. Os anos depois dos 50, se vividos bem, são mais extensos do que aqueles entre os 20 e 50. De fato, temos mais tempo do que pensávamos. A chave para esticar o tempo é se aprofundar no presente. Quando o fizermos, encontraremos algo maravilhoso: escolhas que não percebíamos que existiam na época em que nos movíamos rápido demais para enxergá-las.

Até certo ponto, a maioria de nós já experimentou o suficiente do mundo para não vê-lo com ingenuidade. Sabemos o que ele dá e o que ele tira. Temos lembranças de alegria e de tristeza. Nosso desafio, nos dois casos, é não nos determos por muito tempo nessas lembranças.

Enquanto há vida, há a possibilidade do amor. Onde há amor, existe sempre esperança. Não importa o que o espelho diz, não importa o que seu médico diz, não importa o que as regras estabelecidas dizem – há esperança. É tentador imaginar que você aprontou demais no passado e não há nada que você possa fazer para se redimir. Ou que a crueldade do mundo o derrotou e você não consegue mais se levantar. Mas o milagre da maturidade é que nada do que aconteceu antes exerce qualquer influência sobre o que é possível agora, com uma exceção: aquilo que você aprendeu no passado pode ser o combustível para um futuro magnífico.

Os milagres estão disponíveis a qualquer momento, principalmente quando trazemos à tona o melhor de nós. Não é a quantidade de anos que vai determinar a vida que teremos agora, mas a quantidade de amor. Nosso futuro não é determinado por qualquer coisa que aconteceu vinte, trinta anos atrás ou mesmo há dez minutos. Ele é determinado por quem nós somos e por aquilo que pensamos, agora mesmo, neste momento, neste segundo. Praticamente a cada hora de cada dia iremos nos encontrar em uma situação em que poderemos ser o que não éramos antes, porque sabemos hoje o que não sabíamos outrora. E a partir dessa novidade em nosso ser surgem novas oportunidades que nunca poderíamos ter imaginado. Deus é especialista em novos começos.

Eu tive uma experiência que me deixou bastante deprimida. Senti-me machucada por algo de meu passado e bastante desesperançada sobre o meu futuro. Na ocasião, mudei-me para uma casa construída próxima às águas, onde tinha uma visão do amanhecer cada dia mais linda do que a anterior. Todas as manhãs, o céu parecia uma pintura japonesa que tinha adquirido vida, com ramos negros lentamente tornando-se um verde profundo, com o céu de mármore tornando-se rosa incandescente exatamente sobre o topo das árvores e uma brilhante cor turquesa logo abaixo. Eu nunca havia experimentado a Natureza de um ponto de vista tão profundamente espiritual. Foi extraordinário. Senti-me como se tivesse sido conduzida para aquela casa e para aquela vista do meu quarto, como se fosse parte do meu processo de cura.

Todos os dias, os meus olhos se abriam automaticamente ao nascer do sol. Eu ficava deitada não apenas olhando o amanhecer; o amanhecer me penetrava. A marca do sol ficava impressa em minhas células, um novo dia seguindo-se à escuridão da noite. Certo dia, enquanto eu observava o amanhecer, pareceu-me ouvir a voz de Deus dizendo: "Este é o trabalho que eu farei dentro de você". Foi quando vivi uma nova manhã depois da noite sombria de minha alma. Deus me deu um recomeço. Eu sabia disso. Enquanto fechava os olhos, deixei-me levar pelo sono, agradecendo a Ele com todo o meu coração, porque meu coração estava curado.

EU SEMPRE FICO MARAVILHADA QUANDO ASSISTO pela TV aos esquiadores no gelo. Uma pessoa que praticou algo milhares de vezes se apresenta para uma platéia mundial na mais importante competição da sua vida e, de repente, sofre uma queda que pode arruinar todos os seus sonhos em um segundo. Quantos de nós iríamos desmoronar completamente nessa hora? Mas nenhum desses patinadores tem essa atitude. Eles vão em frente. Porque simplesmente não podem permitir que o futuro seja orientado pelo passado. Não se trata apenas de uma habilidade física, é uma habilidade emocional, uma habilidade psicológica. É uma destreza que qualquer pessoa que pretenda passar para a segunda metade da vida, de maneira próspera e criativa, precisa desenvolver.

Não se trata simplesmente de dizer "O passado é o passado". É algo maior, mais Sagrado que isso. Significa que aquilo que aconteceu até agora foi um conjunto de lições – muitas vezes extraordinárias, outras vezes dolorosas. No entanto, tudo aquilo que estava acontecendo era uma chance lhe sendo oferecida para que você se tornasse a pessoa que fosse capaz de ser. Algumas lições você perdeu, em outras você falhou e terá que aprendê-las de novo. Algumas dessas lições você apreciou, outras você resistiu e até detestou. Mas todas elas o transformaram – se você optou por isso – em uma pessoa melhor, uma pessoa mais humilde e disponível, mais vulnerável, mais sábia e mais nobre. E, a partir daí, tudo é possível. Um corpo jovem é maravilhoso, mas também não é tudo. Ele estará quebradiço enquanto você não se tornar quem deve ser. Você não precisa ser jovem para ser fabuloso.

No entanto, o que podemos fazer emocionalmente para realizar aquilo que os patinadores fazem fisicamente? Como poderemos nos levantar novamente quando a vida nos derrubar? Como fazer para restabelecer-se em relação ao passado?

Sem a bondade, isso não pode ser feito.

CERTA NOITE EU ESTAVA DEITADA NA CAMA, QUASE ADORMECIDA, e percebi que tinha sido levada a alguma dimensão onde eu nunca havia estado antes. Usei a palavra "levada" porque parecia que tinha acabado de acontecer. Sabia que estava mais velha naquele lugar, e que só pude entrar por causa dessa condição. Mas existia uma luz, uma luminescência que eu nunca havia experimentado. Percebi então que, se eu pudesse viver naquele lugar de forma consistente, não seria mais capaz de ver esse mundo como uma coisa menor. Isso não era a compensação por ter chegado em último lugar; era claramente uma recompensa. Não parecia que eu estava carregando uma bagagem pesada por ser velha; era como se eu tivesse recebido um presente.

"Oh, então isso é que é envelhecer!" Eu disse a mim mesma, aliviada porque tudo era tão maravilhoso. Mas uma resposta veio logo em seguida: "Bem, não é assim para todo mundo". Eu estava visitando um domínio interior que não era oferecido, deveria ser escolhido. Ele foi revelado para mim, em uma dessas momentâneas dádivas, apenas como uma forma de me atrair, uma demonstração daquilo que seria meu se eu conseguisse obter. Antes que o presente começasse a brilhar como aquilo, eu teria que aprender a perdoar.

É muito fácil permanecer amoroso e sereno quando os outros agem da maneira que você aprecia, mas esta não é uma imagem realista da vida. Todos são imperfeitos e magoáveis, e muitos de nós foram prejudicados de tempos em tempos pela crueldade casual dos outros.

O perdão envolve a crença de que o amor é maior do que o ódio, é a vontade de ver a luz na alma de alguém, mesmo quando esse alguém está abrigado na escuridão. O perdão não significa que alguém agiu de modo terrível, quer dizer apenas que escolhemos não nos concentrar sobre a sua culpabilidade. Focando sobre a culpa, nós vamos torná-la real para nós e para os outros. A única maneira de nos livrarmos da vulnerabilidade do comportamento dos outros é nos identificarmos com aquela parte que reside atrás do seu corpo. Nós podemos olhar através do comportamento, até a verdadeira inocência em sua alma. Ao fazer isso, não apenas os livramos do peso de nosso julgamento, mas também libertamos a nós mesmos.

Esse é o milagre do perdão.

O perdão não é ser legal – trata-se de ser espiritualmente inteligente. Podemos ser magoados ou receber um milagre, mas não é possível obter os dois ao mesmo tempo. Podemos armar algo contra alguém ou podemos ser felizes. Qualquer justificativa que eu invente para atacar outra pessoa é apenas um plano do meu ego para manter-me na dor.

Demorei anos para compreender o conceito de que sou 100% responsável pela minha própria vida. Agora, 100% responsável não significam 34 nem 96%. Se você não se dispuser a aceitar que é 100% responsável por sua própria experiência, então não vai conseguir colocar sua vida num patamar melhor.

Algumas pessoas fomentam as mágoas de coisas que aconteceram há vinte anos. Entretanto, começa a ficar difícil culpar a raiz de todos os seus problemas por alguma coisa que alguém lhe fez há tanto tempo. Não importa o que aconteceu, o verdadeiro culpado é aquele que deixou passar vinte anos sem superar a questão e viver uma vida melhor.

Sem dúvida, coisas horríveis podem ter lhe acontecido, mas você continua responsável pela maneira como escolheu interpretar estes problemas. E a maneira como você interpreta o seu passado determina se ele vai levantá-lo ou afundá-lo emocionalmente. Sim, deve ter havido pessoas que lhe causaram prejuízos. Eu compreendo isso. Mas cabe a você avaliar de que maneira facilitou as coisas para que elas fizessem o que fizeram. Sim, deve haver aspectos de sua vida que são desagradáveis, caóticos, desapontadores. Mas é sua responsabilidade assumir cada lado escuro de sua vida e transformá-lo.

Eu não estou dizendo que o perdão é fácil; estou simplesmente dizendo que ele é imperativo.

Minha amiga Gina passou por um terrível processo de divórcio, que lhe ofereceu uma grande quantidade de escolhas entre o perdão e a culpa. Depois de onze anos de um casamento que ela pensou ser bom – qualquer um que os visse juntos pensava ser um bom casamento –, seu marido quis terminar tudo. Eu nunca vi uma relação que se baseasse apenas nas questões de uma só pessoa, por isso não estou fazendo aqui nenhum tipo de julgamento. Tudo o que posso dizer é que ela escolheu o caminho do perdão e isso valeu a pena. Ela passou por um ano infernal? Sim, ela passou. Mas seus esforços consistentes para perdoar o ex-marido, um homem que ela rejeitou excluir de seu coração, embora ele parecesse tê-la excluído do dele, não foram apenas inspiradores, mas demonstraram como o perdão opera milagres. Ela continuou a reivindicar o amor entre eles, independentemente da maneira como o relacionamento estava sendo dilacerado. Ela estava machucada, mas não amarga. E continuou a ter fé. Ele podia ter desistido do casamento, mas ela não iria desistir do amor entre os dois. E, depois de dezoito meses, eles haviam completado o círculo. Não estavam mais casados, mas a amizade sobreviveu.

Isso era importante para Gina, não apenas para que ela ficasse em paz com o fim de seu casamento, mas também para que ela pudesse estar em paz com qualquer homem que viesse a encontrar mais tarde. Se a amargura de nosso passado é trazida para o presente, ela sabota nosso futuro. Mesmo no meio de seu divórcio, minha filha e eu brincávamos que Gina era um ímã para os homens. E podíamos compreender a razão. Permitindo-se sentir a dor sem criar defesas contra ela, Gina se tornou mais flexível do que enrijecida. Ela não ficou oprimida com a perda do amor, da forma como algumas pessoas o fazem. Observei o seu amadurecimento e nunca a vi oprimida.

Você pode viver o resto de sua vida reagindo e reencenando o que aconteceu antes, mas isso não vai adiantar nada nem levá-lo a lugar algum. E todos que encontrar saberão, inconscientemente, que você está respondendo ao seu passado. "Perdoar e esquecer" não são mera trivialidade. Muitos dizem: "Sim, eu perdôo, mas nunca esquecerei". Cuidado com esse sentimento, porque ele lhe deixa sutilmente escravo do sofrimento. Esqueça o que fizeram com você; lembre-se apenas das lições que aprendeu com isso. Abandone a cruz. Abrace o céu.

*Deus,*
*Por favor, ensine-me*
*A perdoar.*
*Mostre-me a inocência nos outros,*
*E a inocência em mim.*
*Eu entrego ao Senhor*
*Meus julgamentos.*
*Permita-me enxergar além deles*
*E ver a calma paz*
*Que apenas o perdão pode trazer.*
*Amém.*

O EGO BASEADO NO MEDO REÚNE PROVAS A CADA MOMENTO, tornando o perdão cada vez mais difícil. O ego vive obcecado com dois grandes casos: um contra todo mundo e o outro contra você.

Algumas vezes, o centro do seu alvo não pertence a ninguém mais. É o seu nome que está na pasta daquele processo que está sendo julgado – você mesmo, por causa de seus erros no passado; pela sua estupidez demonstrada ao cometer esses erros; você, pela imaturidade, pela irresponsabilidade, você é quem está sendo julgado... por apenas ser quem você é.

As testemunhas de acusação estão espalhadas por todo lado, e o tribunal está em sua mente. O ego não está buscando justiça, está atrás da culpa, que é do que ele se alimenta. O caso contra você não está baseado na noção de que cometeu algum erro, mas na noção de que você está errado. É uma sensação difícil de suportar. Quem poderia dormir com tranqüilidade, estando convencido de que tudo está errado?

Você sente que jogou tudo pelos ares algumas vezes, e por alguma estranha razão todas essas memórias voltam a atormentar... Que vida desagradável suportar vinte anos de más lembranças bombardeando sua mente como bazucas do inferno – por falar nisso, é o que elas são! E você não tem nenhum lugar para guardá-las, exceto naquele arquivo recheado, com o nome de "Todas as vezes que ferrei com tudo". Como poderia acreditar que há bondade no futuro se, no passado, você fez tantas coisas más? Como você pode ter esperanças no futuro, quando seu passado é incansavelmente imperfeito? E como você pode se defender de um advogado de acusação que é um aspecto de você mesmo?

Você deve conhecer aquela máxima religiosa do "Queime no inferno para sempre". Bem, agora entende o que significa: ansiedade e culpa sem fim. E não foi Deus quem o enviou para lá, mas o inimigo em sua própria mente. O ego, o Eu baseado no medo, as sombras – seja qual for o nome que você escolha –, esse inimigo está sempre patrulhando para destruir sua paz de espírito.

A razão para acreditar que pode escapar dessas chamas – e vai escapar – é que Deus garante sua inocência. Ele o criou inocente, e aquilo que Ele cria é imutável e indestrutível. Você cometeu erros? E quem nunca os cometeu? A intenção de Deus não é punir pelos erros, mas corrigi-los. Somos punidos pelos nossos pecados, mas não por causa deles. É o ego quem nos dá condições para fazer coisas erradas e depois nos pune violentamente por tê-las feito!

Deus já desmontou todos os processos contra você, antes mesmo que o ego tivesse a chance de prepará-los. Seus erros, não importa o quão terríveis você pensa que foram, não vieram de você, porque foi Ele quem o criou. Por isso é importante se lembrar de quem você é, na realidade, porque essa é a chave para a libertação das chamas da autocondenação.

Você não é melhor nem pior que ninguém. Não importa quanto se arrependa do passado, tenha em mente que existe alguém que se arrepende muito mais de sua própria história. O caminho para a felicidade não avalia se cometemos, ou não, erros no passado. O que pavimenta essa estrada é a catalisação desses erros em energia para nossa iluminação e crescimento pessoal.

Pense em tudo o que você passou e tente reinterpretar de forma mais gentil. Todo o amor que você deu foi verdadeiro. Tudo o mais era apenas ilusório, não interessa quão amargo ou cruel possa ter sido essa experiência.

Não vou afrontá-lo dizendo "Perdoe a si mesmo". Deus o perdoou porque Ele sempre viu sua inocência. Seus erros não alteraram a derradeira verdade sobre você ou sobre o caráter permanente do Universo de Deus. Seu ego não é assim poderoso. Repare os seus erros, faça os consertos onde for possível e ficará livre para começar de novo.

De acordo com "Um Curso em Milagres", nos momentos em que você não está em seu melhor estado, todo o Bem do qual está se desviando ficará guardado para quando estiver pronto para recebê-lo. Deus devolverá todos os anos que os gafanhotos devoraram. E aquele passado que você conheceu não existirá mais.

Onde quer que haja medo, o amor prevalecerá. Seja em resposta aos seus próprios erros ou em função da crueldade do mundo, Deus sempre terá a Palavra final para mostrar-lhe o quanto você é amado por Ele.

*Deus,*
*Por favor, ajude-me a me perdoar*
*Por aquilo que eu fiz*
*E por aquilo que eu não fiz.*
*Coloque sobre mim*
*Sua Infinita Misericórdia*
*Para que a minha vida seja resgatada.*
*Leve a minha vergonha, Deus,*
*E cure o meu coração partido.*
*Amém.*

SEMPRE QUE SINTO OS EFEITOS DE MEU PASSADO, PROCURO me lembrar das pessoas cujas experiências foram não apenas piores do que as minhas, mas muito piores do que alguém poderia imaginar. E ainda assim elas se levantaram.

Minha amiga Naomi, de 86 anos, é uma sobrevivente do Holocausto. A Segunda Guerra Mundial começou quando ela estava com 19 anos, depois que as tropas alemãs cruzaram a fronteira da Polônia. Ela morava em Varsóvia, uma garota gozando a vida e se preparando para ir à universidade na Inglaterra. De repente, ela se transformou numa jovem que se escondia dos nazistas com a sua mãe, marido, irmão e cunhada. Seu pai já havia sido preso pelos russos e enviado à Sibéria. Em 1943, tendo sobrevivido ao bombardeio de Varsóvia, Naomi e os outros membros de sua família foram amontoados num trem de carga e enviados ao campo de concentração em Auschwitz.

Ela ficou em Auschwitz dos 22 aos 24 anos. Meus problemas nessa idade? Namoro, carreira e outros. O problema dela? Adolf Hitler.

O marido de Naomi, sua mãe e sua cunhada morreram no campo de concentração. Sua mãe morreu no crematório; então, sua cunhada, depois de dizer a Naomi que não ia trabalhar naquele dia ("Eu não agüento", ela disse. "Não posso viver assim."), desapareceu e nunca mais voltou. Naomi e outros milhões viveram nos campos de concentração nazistas sob condições horríveis, como nenhum ser humano jamais havia submetido outros, nem antes nem depois daquela época.

Naomi sobreviveu à guerra. Depois de emigrar para os EUA em 1946, ela se casou e enviuvou uma segunda vez, ficando com três filhos para cuidar. Se alguém pudesse ser perdoada por desistir, esta seria Naomi. Mas sua firmeza é maior do que qualquer circunstância. Ela educou seus filhos, fundou uma companhia de importação e exportação que depois se tornou um sucesso fenomenal (num tempo em que não eram muitas as mulheres a fazer isso, a propósito), e tem sido uma inspiração para inúmeras pessoas que a conheceram – incluindo eu mesma.

Em 2002, Naomi voltou para a Alemanha com seu filho. Quando o avião sobrevoava Berlim e ela olhava pela janela, seu filho lhe perguntou como estava se sentindo. Sua resposta foi surpreendente: "É muito estranho, mas me sinto bem. Estou aqui por minha própria decisão. Não estou sendo trazida por ninguém, estou vindo pela minha própria vontade".

Ao visitar Wannsee – onde, em 1942, Hitler e seus principais ajudantes fizeram os planos para a "solução final", ou seja, o completo extermínio dos judeus – Naomi ruiu. No entanto, sua reconciliação com o passado continuou. Em 2003, ela fez uma viagem dolorosa a Auschwitz. Após ter chorado durante todo o caminho, ela conta a estranha sensação que teve assim que chegou. Quando passou pelo portão com a famosa inscrição irônica Arbeit Macht Frei ("O Trabalho Liberta"), ela sentiu-se cada vez mais forte. Naomi não sentia a dor que esperava sentir. Em vez disso, ela sentiu que um espírito de vitória a invadia; pensou: "Meu Deus, eu voltei e sobrevivi! Eu vim aqui para morrer, mas não morri! Aquele que queria me destruir foi destruído. Eu sou uma sobrevivente!" Naquele momento, ela sabia o que significava ser um sobrevivente – não apenas fisicamente, mas também emocional e espiritualmente. Então, ela se libertou.

"Eu sentia que poderia construir sobre o meu passado", ela disse, "Mas sabia que não poderia viver nele. Sobrevivi ao Holocausto, mas nunca fiquei acorrentada a ele. Passei por uma coisa muito terrível, mas gosto de pensar que algo bom pode vir depois daquilo tudo. Gosto de imaginar que sou uma pessoa melhor por causa disso.

"A Esperança está sempre em nós. Mesmo quando tudo parece desolador, existe alguma coisa que nos dá esperança de que tudo vai melhorar. Eu sabia que devia olhar para o futuro. Sempre me perguntava o que poderia fazer naquele momento para ser mais produtiva. Queria viver para o futuro, para mim e para as minhas crianças. E foi o que eu fiz."

Sempre que começo a ter pena de mim mesma, me lembro de Naomi. Penso naqueles que não sobreviveram ao Holocausto. Lembro-me das pessoas que hoje em dia estão vivendo atrocidades como ela sofreu – na Somália, em Darfur e em muitos outros lugares. E lembro-me de me sentir grata pela relativamente fácil existência que tenho tido até agora, e então me sinto elevada para um lugar onde compreendo que minha vida – embora não seja tão consistentemente causa de alegria –, ainda assim, vale a pena. E agradeço a Deus por cada minuto de cada dia.

Se minha amiga Naomi conseguiu reconstruir a sua vida depois de tudo o que passou, quem entre nós não tem uma reserva de força para reconstruir a própria vida? Temos a responsabilidade moral, não apenas em relação a nós mesmos, mas em relação a uma enorme onda de esperança coletiva, de fazer tudo ao nosso alcance para nos erguer das cinzas do nosso passado. O ontem já passou. Hoje é hoje. E o amanhã nos espera.

O que aconteceu ontem com você pode não ter sido maravilhoso e pode não ter estado sob o seu controle. Mas a pessoa que você se tornou por causa disso, ou apesar disso, tem tudo a ver com você. Conheci pessoas que viveram uma fração do trauma pelo qual Naomi passou, e ainda permanecem durante décadas chafurdando no esterco de suas lamúrias e sentindo-se vítimas. O que a história de Naomi prova, como muitas outras, é que não somos o nosso passado. Não é o lugar onde a vida nos joga que determina o que ela será daqui para frente, e sim aquilo que nós mesmos desejamos colocar em nossa vida.

Se minha amiga Naomi pôde seguir adiante depois de Auschwitz, então quem pode reclamar que não consegue?

*Deus,*
*Por favor, leve embora*
*As dores do meu passado.*
*Remova as flechas*
*Que penetraram o meu coração*
*E cure as feridas abertas.*
*Amém.*

# O MODO COMO ELA AGIA E A COR DE SEUS CABELOS[12]

Sempre intuí que, quando estivesse em meus 50 anos, eu poderia parar de me esconder. Quando eu era mais jovem, o mundo me parecia tão assustador, tão inexplicável – ou, pelo menos, inexplicável para mim – que não podia enfrentá-lo e me escondia. Se alguém avaliasse pela carreira que tenho, dificilmente chamaria aquilo de "se esconder", mas ninguém sabe realmente o que as outras pessoas podem estar escondendo internamente, não se permitindo a livre expressão dos sentimentos.

Vivi, em certo período, uma típica aflição neurótica que atormentava as mulheres de minha geração. Não conseguia perceber claramente – e poucas de nós fizeram isso –, mas a mensagem que internalizamos, em nome da liberação feminina, era que só conseguiríamos essa liberação se nos tornássemos iguais aos homens. Podíamos ser quentes e sensuais, ou inteligentes e levadas a sério; não podíamos ser as duas coisas ao mesmo tempo. Agimos da maneira que achávamos correta: suprimimos a deusa, aquela mulher selvagem e sábia, para podermos fazer parte de um mundo que desdenhava a essência feminina.

Não penso que apreciei totalmente o fato de ser uma mulher, sem nenhuma vergonha, até os meus 40 anos. Agi de modo ambivalente até então, e essa ambivalência quanto aos aspectos mais interessantes da feminilidade atraiu

12 - "The way she'd act and the color of her hair" – Trecho da letra de "She's not There", do grupo inglês The Zombies, que fez muito sucesso nos EUA a partir de 1965. (N. do T.)

mais ambivalência, tanto da parte dos homens quanto das mulheres. Se nos sentimos culpados sobre algo, merecendo ou não qualquer crítica, iremos atrair alguém para refletir e articular nossa auto-reprovação. Seja o que for que eu tenha feito – ultrajante ou não –, se eu achar correto, a maioria das pessoas à minha volta vai achar a mesma coisa. Mas, quando eu estiver incerta ou envergonhada sobre alguma coisa, sempre haverá alguém disposto a me ameaçar emocionalmente. Um dos dons de envelhecer é que se torna cada vez mais fácil ignorar a opinião das outras pessoas. Passamos por tanta coisa na vida que nos tornamos capazes de reconhecer nossos verdadeiros sentimentos, e estamos prontos a viver a vida que achamos que podemos viver.

Eu vivia subconscientemente – talvez nem tanto – a clássica situação junguiana de "o pai ser um espelho para a filha", mimetizando a vida de meu pai, enquanto considerava que minha mãe não era tão "importante". Hoje sei que aquela ilusão sobre a superioridade masculina me fez pagar um alto preço psíquico. Minha mãe sabia de coisas sensatas, coisas pé no chão, e tentava me explicar, mas eu não a ouvia.

Certa vez, estava com algumas amigas discutindo sobre se uma colega solteira devia ou não optar por fazer um aborto, quando minha mãe apareceu: "Vocês já não estão crescidas o suficiente para saber que não existe essa coisa de filho ilegítimo?" Uma das garotas observou que existia a questão da paternidade, e minha mãe respondeu: "E vocês acham que todas as pessoas que conhecem têm um pai que é o pai de verdade? No meu tempo, as mulheres sabiam a hora de ficar de boca fechada!" Ficamos em silêncio, atordoadas. Aquela mulher, que achávamos que não sabia das coisas tanto quanto nós, na verdade sabia muito mais – sabia sobre os fatos da vida, sobre como é o ser humano.

Hoje em dia, me sinto orgulhosa de ser a filha de meu pai... E filha de minha mãe também.

*Deus,*
*Seja qual tenha sido a medida*
*Em que falhei por não respeitar o poder e a glória*
*Do sexo feminino,*
*Possa a minha mente ser corrigida*
*E meu coração, transformado.*
*Amém.*

EM TODAS AS ESPÉCIES AVANÇADAS DE MAMÍFEROS QUE SOBREVIVEM E PROSPERAM, existe uma característica antropológica comum: a fêmea adulta da espécie exibe um comportamento feroz quando sente suas crias ameaçadas. Leoas e tigresas tornam-se violentas quando detectam perigo para a sua prole. Entre as hienas, que não são conhecidas como criaturas doces, as fêmeas adultas rodeiam seus filhotes enquanto eles se alimentam, mantendo os machos longe.

Vocês poderiam achar que as mulheres ocidentais agiriam melhor do que as hienas. No entanto, existem razões que nos impedem de agir tão instintivamente. As mulheres desta parte do mundo não são mais mantidas sob controle do governo – pelo menos nos últimos cem anos –, mas durante séculos sofreram com a opressão feminina. Essas toxinas emocionais vêm sendo transmitidas através dos tempos. Não se queimam mais as bruxas, mas a desconfiança contra o poder feminino ainda não foi completamente eliminada da consciência ocidental. Na Antiguidade, a palavra bruxa significava "mulher sábia". A projeção da feiúra para as bruxas era simplesmente uma caricatura fabricada pela Igreja medieval, com a intenção de denegrir e suprimir o poder feminino. A nossa ligação com a Terra e nossa Espiritualidade eram consideradas o inimigo. Numa época em que as sacerdotisas pagãs faziam a iniciação dos homens através de ritos sexuais, o cristianismo declarava que a nossa sexualidade seria "sagrada" apenas se usada para a procriação.

Uma mulher que não conseguia procriar, então, não tinha mais uma função "sagrada". Na verdade, durante a caça às bruxas, as mulheres mais velhas ainda solteiras eram as primeiras a morrer. Se você não compactuasse com a Igreja e seus ensinamentos, seria considerada uma aliada do demônio. E, embora o conceito seja ridículo, não é nada engraçado saber que centenas de milhares de mulheres foram queimadas. A caça às bruxas foi o holocausto feminino.

As mulheres têm tido medo de mostrar ferocidade – em nome de nossas crianças, nosso planeta e tudo o mais – porque não querem ser rotuladas como "bruxas". "Bruxa" carrega (va) algo de pejorativo. Não queremos ser vistas como raivosas e estridentes e, como conseqüência, ficamos em silêncio sobre assuntos que têm importância.

As mulheres pagãs exaltavam a conexão divina entre o indivíduo e o mundo natural. Suas sacerdotisas conectavam ritualisticamente as almas umas às outras e com o mundo que as circundavam. A sua destruição pelas mãos da Igreja foi uma tragédia não apenas para elas, mas também para o desenvolvimento da civilização ocidental. Seu desaparecimento foi, de muitas maneiras, um presságio para a atual crise ambiental, preparando o caminho para uma era em que se aceita que a humanidade procure dominar a Natureza. Será preciso desmantelar essa forma de pensamento para podermos encerrar a crise global. Parte de nossa expiação pelo tanto que profanamos a Terra envolve uma expiação pelo tanto que profanamos uma cultura, na qual a sabedoria da mulher era glorificada.

O fato de que hoje nós podemos compreender o que aconteceu com aquelas mulheres, e podemos tentar recuperar a sua autoridade espiritual, dá esperança de que a humanidade pode milagrosamente reparar-se antes que seja tarde demais.

Os milagres surgem da convicção e não há convicção maior do que a da mãe. Quando nós, mulheres, estivermos em equilíbrio, não permitiremos a destruição do mundo. Porque somos as mães do mundo.

Estamos recuperando nossos poderes esquecidos, não apenas para procriar fisicamente, mas também para a regeneração espiritual. Estamos a caminho de mudar a história. Vamos desviar o Titanic antes que ele se choque contra o iceberg; iremos parar miraculosamente a marcha suicida e insana presidida pelos governos do mundo; e tudo isso vai acontecer porque estamos dizendo que faremos.

As mulheres devem recuperar o impulso feminino antes de se mostrarem na plenitude de sua glória. As bruxas de ontem vão descansar, espero, depois de terem encontrado a compaixão e a piedade que merecem em uma nova geração de mulheres. Nós nos angustiamos por elas e por nós. Para cada mulher que não consegue encontrar a sua voz, atrair seu amor ou expressar o seu poder há uma mulher que foi queimada viva por ter conseguido tudo isso. À medida que avançarmos, armadas de um novo entendimento, poderemos revelar a nossa paixão enterrada por tanto tempo. E poderão elas, nossas queridas irmãs desonradas, encontrar a paz.

QUANDO EU ERA CRIANÇA, ME LEMBRO DE TER SIDO COLOCADA junto com outras meninas um pouco mais velhas do que eu. Senti que havia algo que elas poderiam me mostrar. Essa sensação perdurou por anos e ainda me sinto assim. É como se eu tivesse descoberto que aqueles que percorriam o caminho alguns anos à frente de mim teriam algo importante para me mostrar.

Agora eu vejo esse padrão de outro ponto de vista: tenho amigos mais jovens que me vêem assim como eu os vejo, como meus irmãos mais novos no campo espiritual. É como se eles estivessem crescendo em seu poder, e se mostrassem honrados e valorizando o meu próprio poder. Este é um papel muito importante na vida, ou seja, fazer tudo o que pudermos para modelar a impecabilidade nos mais jovens. Isso não quer dizer que ter vivido mais tempo nos fez mais perfeitos. Dificilmente. Mas significa que devemos levar a sério nossa responsabilidade de viver da forma mais íntegra possível.

O papel de mentor não é apenas agradável ou necessariamente uma escolha consciente. É um padrão que você magnetiza em si mesmo, como parte da ordem natural das coisas. À medida que você cresce e se torna mais maduro, aqueles atrás de você, para os quais seus ensinamentos serão mais úteis, aparecerão automaticamente em sua vida. Entenda por ensinar não apenas o que você sabe, mas também o que demonstra.

Não consigo imaginar onde estaria hoje se não fossem aqueles que passaram antes pelo meu caminho e me mostraram aquilo que eu precisava ver. Agora é a minha vez de tentar conectar as peças do quebra-cabeça da vida para aqueles que me olham como se já tivessem resolvido o desafio. A maneira como nos comportamos, como buscamos trazer harmonia ao mundo que nos rodeia, tudo isso é um ensinamento holográfico que estamos transmitindo a todo instante. Uma jovem amiga, que é como se fosse a minha irmãzinha, disse-me mais de uma vez: "Você acha que eu estou ignorando você, mas estou ouvindo cada palavra". Às vezes, vejo pessoas jovens em minhas palestras cujos olhos ficam incandescentes por causa de alguma coisa que eu disse. (Não me interpretem mal: eu também já vi muitos olhos semicerrados de sono.) Conheço a emoção de ser jovem e ouvir novas idéias pela primeira vez, observando alguém criar um modelo que faz sentido para você. Estive lá uma vez e agora estou aqui. Encontro a jovem me dizendo que pretende fazer, algum dia, aquilo que eu faço; apenas sorrio e digo: "Vá em frente menina". Encontro o jovem que se inclina respeitosamente e me entrega uma rosa; eu a recebo com gratidão, respeitando a generosidade de seu gesto.

Os anciãos serão homenageados quando nos comportarmos de maneira mais honrada. A maturidade não será confortável se nós não atribuirmos a ela o melhor que tivermos. Ou, pelo menos, que tentemos fazer isso até o fim.

*Deus,*
*Que eu possa merecer*
*Um papel honroso*
*Nas vidas daqueles*
*Que são mais jovens do que eu.*
*Mostre-me a maneira*
*De usar Seus dons de modo correto,*
*E de saber transmiti-los adiante.*
*Amém.*

OUVI HISTÓRIAS MÍTICAS – E OUTRAS NÃO TÃO MÍTICAS – DE MULHERES MAIS VELHAS que se mudaram para conventos, como se sua vida mundana estivesse acabada; de lá daquele lugar distante, poderiam enfim baixar um véu sobre as preocupações humanas. Acho que a vivência em um convento é uma experiência íntima, que pode ou não ser compartilhada. O importante é que esse lugar seja como uma morada no coração, onde você vive para Deus, mas isso não é tudo. Você não vive para Deus fugindo deste mundo, mas sim empenhado no derradeiro esforço de viver corretamente. Em nome de sua família, de seus amigos e de todos que conheça, o que importa é compreender a maneira certa de jogar o jogo da vida. E a única maneira de fazer isso é ver a vida como ela é. E ver a vida onde ela está. A vida não está lá fora, porque ela está com Deus.

Eu costumava pensar nas mulheres da Idade Média que iam para um convento com 30 ou 35 anos. E ficava triste por elas. Nenhum divertimento, nenhuma emoção, nem sexo. E que dormitórios chatos! Mas hoje a experiência do convento – naquela variante íntima – significa algo diferente. Significa que não há divertimento se não estiver entrelaçado com o Sagrado; pode-se dizer a mesma coisa para a emoção e o sexo, eles não existem se não estiverem entrelaçados com o Sagrado. Em outras palavras, quando você compreende o Sagrado, percebe que é divertido e excitante e, se for o caso, sexual.

Isso é importante para celebrar a sua vida, porque lhe foi dada por Deus. Se Ele lhe deixasse uma mensagem de texto, ela seria: "Divirta-se".

Li uma entrevista com a atriz Cameron Diaz em que ela dizia que levar a vida de maneira leve não seria menos válido do que quem a vive de modo sombrio e triste. Fiquei pensando nisso por algum tempo, percebendo que eu tinha levado décadas para entender a mesma coisa, muito mais tempo do que ela. Nossa geração queria ser levada a sério, sobretudo porque nossa mãe não havia sido. Suprimimos nossa alegria sob o falso pressuposto de que a alegria é uma bobagem. Na verdade, quando você entende o quão séria é a vida, você passa a aproveitar toda oportunidade que existir para gargalhar. Mariane Pearl, a viúva do repórter Daniel Pearl que foi assassinado no Oriente Médio, já disse que a felicidade é um ato de resistência.

Há muitas maneiras de sermos punidos, até por nós mesmos, por causa do impulso estático que corre pelas nossas veias. Sempre que vejo um sem-teto caminhando pelas ruas usando alguma roupa absurda – um chapéu com orelhas de coelho ou *buttons* proclamando uma invasão de ÓVNIS –, uma parte de mim pensa que ele é uma pobre alma perdida, e a outra parte pensa que seria bom se eu tivesse coragem de usar aquilo.

Já me ocorreu que nunca vi uma estátua de uma deusa grega, ou hindu, em que ela não estivesse vestida à perfeição. A idéia de que uma mulher espiritualizada não cuida da sua aparência foi introduzida em nosso sistema de pensamento por uma instituição que odiava as mulheres, o mesmo clube que costumava queimar as bruxas. Assim, quando eles sugerem que uma mulher deve se vestir com simplicidade para demonstrar a sua devoção, corro para vestir uma camisola. Usar maquiagem e jóias é muito mais antigo do que se pensa; há milhares de anos, as mulheres usavam ruge e rubis e sabiam exatamente o que estavam fazendo. A rainha Ester não salvou o seu povo porque estava aparecendo sem atrativos naquela noite. Qualquer tentativa para dessexualizar as mulheres e fazê-las se sentir culpadas por querer se mostrar com boa aparência é um esforço para tirar o poder feminino.

A nossa sociedade usa dois julgamentos sobre uma mulher madura que tenta se mostrar bem-arrumada. Ou ela é culpada por "não deixar as coisas como estão" ou ela se sente envergonhada por tentar melhorar a aparência. Toda essa conversa sobre "o envelhecimento natural" é ridícula. E ninguém fala sobre os pesticidas, a poluição, as substâncias cancerígenas, o buraco na camada de ozônio, as preocupações, os divórcios ou as adversidades financeiras? Não há nada necessariamente natural sobre todo esse estresse. Se uma mulher quiser comprar o mais novo creme antienvelhecimento, colocar botox ou utilizar qualquer outro procedimento cosmético, então eu acho que ela deve fazê-lo; e se uma mulher não quiser fazer nada disso, acho tão válido quanto.

Não é "sério" querer se mostrar bem-arrumada? E o que é tão "sério" sobre não querer se mostrar bem-arrumada? Glória Vanderbilt disse que a beleza é um presente de Deus, e que temos a responsabilidade de cuidar desse presente enquanto pudermos. Seja como for, não consigo perceber quanto o meu aspecto descuidado possa ajudar uma mulher que esteja num estado miserável. De fato, percebo que meu desejo de excelência, em todos os aspectos de minha vida, me eleva a um nível de satisfação onde é mais provável que eu possa ajudá-la a se reerguer.

Negar os cuidados a si mesma não se traduz em mais dedicação ao outro. O ato de uma mulher cuidar-se – tanto fisicamente quanto espiritualmente – é parte de sua presença na maravilhosa e selvagem aventura feminina. Essa aventura é emocional, intelectual, espiritual e sexual.

Percebo que o combustível para o motor da minha vida – como mulher, ativista, escritora e criadora em qualquer área

– vem do meu quarto e daquilo que acontece lá, mais do que em qualquer outro lugar. Eu poderia comprar uma centena de mesas, mas continuaria a escrever em minha cama. A biblioteca não é a minha sala de máquinas. O meu escritório não é a minha sala de máquinas. Nem a minha cozinha, onde vivo as minhas paixões, é a minha sala de máquinas. E há Deusas de todas as culturas e idades que concordam com isso. O velho mundo era salpicado com templos eróticos e românticos. Como eu não tenho um templo, mas apenas um quarto, então eu começo por aí.

Às vezes, quando penso sobre todos aqueles que sofrem no mundo – desde a tortura até a escravidão, passando pela guerra e a pedofilia –, fico aterrorizada com a constatação de que deve existir alguma força tremenda mantendo a humanidade longe de sua autodestruição. Considere o fato de que alguém está nascendo e morrendo a cada segundo. Os ciclos da vida continuam, circundando o globo a todo momento. E considere o seguinte: a cada segundo (eu espero), alguém está tendo um orgasmo com alguém que ama. Penso que este círculo de êxtase é o que provavelmente mantém o mundo conectado.

Palavras de ódio, atos de violência, coisas horríveis feitas à luz do dia, nada disso tem maior poder do que os atos de amor, muitos dos quais realizados na escuridão da noite. Parte da missão arquetípica da mulher é cuidar da casa e aquele belo momento no escuro também é o seu lar. Deveríamos honrar nossa função como guardiãs da chama erótica. O quarto é onde concebemos os nossos filhos e reparamos nossos amantes, ambos o combustível para a sobrevivência da raça humana. Isso é mais importante quando a mulher envelhece, porque ela estará usando o poder de sua consciência para compensar as perdas que a Natureza lhe infligiu. Uma vez que completamos o período de gerar um filho e o tempo de criação, a Natureza não se importa se faremos sexo novamente ou não. Não estaremos mais recebendo toda a ajuda da Natureza que nos era oferecida até então. Mas a nossa magia sexual não se trata apenas de gerar bebês, trata-se de encantamento. Não atraímos os homens para a cama com o fim de procriar. Queremos deixar o seu coração em fogo. Nós os atraímos para um espaço enfeitiçado e sedutor, para que a romântica alquimia do amor ajude a dar-lhes a sua grandeza, e a nós, a nossa. Essa não é uma tarefa que se encerra quando envelhecemos; na verdade, é uma tarefa que só entendemos quando chegamos a essa idade. A maturidade não é o momento de nos desencantarmos. É, sim, ao contrário, o momento para colocarmos toda a nossa magia a pleno vigor.

OS ESTÍMULOS NÃO DIMINUEM quando você envelhece. Com a idade, nos tornamos mais ambivalentes com relação a isso. Você pode dizer que deseja senti-los, mas ao mesmo tempo não tem certeza se terá energia suficiente. Uma maneira infalível para acabar com as suas reservas é negar a derradeira pílula de energia, ou seja, deixar de participar da própria vida.

Meu pai viveu até os 85 anos e foi estimulante durante toda a sua vida. Ele costumava dizer: "Você tem que ter gosto pela aventura!" Rapaz, ele tinha! Isso não era evidenciado apenas pelas suas aventuras viajando pelo mundo; era provado pela forma como abordava a vida cotidiana. A maneira como ele dirigia seu conversível mesmo debaixo de chuva, porque "Apenas os maricas põem a capota". A forma como ele ensinou exercícios a seu filho caçula ou a maneira como ele usava um quepe de marinheiro grego, mesmo vivendo no Texas, apenas para o caso de a

Marinha grega convocá-lo! Meu pai mergulhava apaixonadamente e com todo o vigor em tudo o que fazia. Um homem como ele não procurava vitaminas em busca de mais energia. Procurava a vida para lhe dar mais energia, em troca da dele.

Na Igreja Ortodoxa Russa, existe o conceito do "Condutor da Paixão". Eu acho que é isso no que a maturidade nos transforma: em condutores da paixão pela vida, pessoas que passaram por muitas coisas a ponto de sentir todas as dores e os triunfos. Da mesma forma que demonstramos a alegria de estarmos diante da nossa ressurreição, será com a extensão dessa felicidade que ajudaremos as outras pessoas a crescerem.

O ancião tem o papel de conduzir as celebrações tribais. Nós somos os detentores do fator emoção. Quando uma mulher vinte anos mais jovem do que eu anuncia que está grávida, sinto que estou cumprindo alguma função primária ao deixá-la saber que a gravidez é a coisa mais excitante do mundo. É como se eu estivesse representando a opinião de algo maior do que eu. Uma adolescente pode entrar numa equipe esportiva ou num concurso de poemas; uma jovem pode entrar num programa de treinamento de gestão na empresa na qual ela vem trabalhando há anos; um rapaz abre a sua própria empresa ou fecha seu primeiro grande negócio – em qualquer dos casos, o entusiasmo de uma pessoa mais velha pode ser a lembrança que será retida por toda a vida. As pessoas precisam saber que o Mundo está do lado delas, e, para um jovem, o "Mundo" é freqüentemente representado pelo adulto com quem estiver conversando no momento.

A comemoração não é uma coisa passiva; é uma energia ativa. Tenho ouvido jovens diminuindo o valor de algo que sei que representava a realização de um sonho, dizendo coisas como: "Não é grande coisa". Mas, se eu disser com firmeza "É sim!", eles mudam de atitude na hora.

Faço isso por eles e por mim. Uma vez que você já viveu o bastante, e já derramou lágrimas o suficiente, saberá quanto é abençoado ter algum motivo para sorrir. As pessoas apaixonadas pela vida não demonstram uma atitude positiva porque não sabem como fazê-lo. Elas são positivas. Elas sabem que algum sofrimento pode acontecer de repente. Mas, se não aconteceu hoje, vamos agradecer e seguir em frente.

Eu costumava ter uma garrafa de champagne na minha geladeira. Ela ficou por lá durante meses enquanto esperava alguma coisa para "comemorar". Um dia, alguém a roubou. Eu entendi o ponto. Esperei demais.

*Deus,*
*Eu lhe dei louvores*
*E aplausos pelas bênçãos em minha vida.*
*Que elas não sejam diminuídas*
*Pela minha falta de consideração.*
*Ensina-me a receber as coisas boas*
*E a auxiliar os outros*
*A pedir as deles.*
*Amém.*

UMA VEZ, EU ESTAVA NUM TREM NA INGLATERRA após deixar minha filha numa escola em Oxford. Antes de partir, ela me mostrou seus lugares favoritos: a creperia, onde ela e seus amigos discutiam até tarde da noite sobre capitalismo e marxismo; a Igreja Cristã reconstruída por Henrique VIII em 1532; e nossas conversas naquela manhã sobre amor e filosofia estavam misturadas com lembretes do tipo "Preciso passar o fio dental". Quando voltei para Londres, chorei um bocado. Minha bebê não era mais uma bebê. Logo, frases do tipo "Mamãe, posso ir?" irão desaparecer e serão substituídas por "Mãe, por favor, envie algum dinheiro".

Essa transição é tão profunda para ela quanto para mim. Acho que fui uma boa mãe em comparação com outras, na média geral. Mas não devo ter sido uma boa mãe em outros aspectos; por exemplo, nunca assei um *brownie* na minha vida. Continuo comprando livros de receitas, mas deixo-os de lado depois de ler. Todos nós temos os nossos dons. E vivo ansiosa para passar para minha filha aqueles poucos que tenho. Nossas crianças são mais do que nossos encargos; assim que passam pela puberdade, deveriam ser nossas alunas em lições mais profundas, nossas aprendizes quanto a viver a vida. Não desejo que minha filha prefira sair do meu lado para poder aprender alguma coisa verdadeiramente importante. Gostaria de ser a sua mentora mística.

Cuidar de crianças é uma prática espiritual avançada. Mantendo-as perto, quando você é o mundo que elas conhecem, é uma situação irresistível; e deixá-las partir quando estiverem aptas a fazer isso é uma situação esmagadora. Manter as linhas de comunicação abertas, entretanto, é muito mais fácil de dizer do que fazer. É bem diferente de quando elas eram lindos bebezinhos brincando com seus amiguinhos. Costumo ver pessoas, com bebês adoráveis, abençoadamente ignorantes de que virá o dia em que essas crianças não estarão mais sob controle, e eu penso "Querida, espere só". Mas não digo nada, apenas sorrio. Deixe-os desfrutar esses momentos enquanto durarem. Mais cedo do que eles pensam, perderão essa adoração incondicional a que estão habituados. Todos os pais passam pelo momento em que o olhar de seus filhos diz: "Agora eu entendi, eu sei quem você é". Eles terão que aprender a respeitar o despertar de uma vida cujo destino final será viver sem os pais. Uma vigorosa força vital emerge de nós para dentro de nossos filhos até certo ponto, e apenas quando permitimos que isso aconteça é que um novo fogo começa a arder dentro de nós. Não podemos segurar aquele fogo que costumava ser nosso, mas já não o é. Devemos deixá-lo ir e observar, com emoções conflitantes, enquanto esse fogo se inflama dentro de nossos filhos e filhas.

Ainda assim, isso não quer dizer que eles ganham aquilo que perdemos. Naquele dia, quando eu saía de Oxford, chorava e sorria ao mesmo tempo. Minha filha se sentia livre daquela maneira que apenas os jovens podem ser. Mas eu estava livre também, daquela maneira que só alguém que criou um filho, e o viu crescer, pode ser. Eu e ela ganhamos novas asas.

Nós duas devemos seguir para o próximo estágio de nossa vida repletas de uma nova magia. Cada um deve seguir a trajetória de crescimento de sua própria alma. Por um lado, eu não consigo imaginar como vou me sentir quando olhar no relógio às 15 horas e disser com emoção: "Oh, ela já vai chegar!" (Existe uma maneira fantástica de os adolescentes baterem à porta quando chegam da escola, gritando: "Cheguei!", com a maior certeza de que essa é a melhor notícia que alguém poderia receber naquele dia.) A hora vai chegar e minha filha não estará lá. Por outro lado, sei que haverá novas experiências no futuro porque não moramos mais na mesma cidade, experiências diferentes das que tivemos até agora, mas não por isso menos maravilhosas.

Só quando você permite que alguém cresça você começa a crescer também. E, por vezes, isso significa que seus filhos crescerão longe de você. Por mais contraditório que pareça, quanto mais você permitir que as pessoas fiquem distantes, mais estreito se tornará seu vínculo com elas. Quanto mais deixo minha filha ir, mais ela me permite que eu me aproxime. Nunca vou esquecer quando a minha menina era tão pequena que eu a colocava entre os travesseiros na minha cama e sentava ao seu lado para escrever. Penso nisso com freqüência quando ela está deitada na mesma cama, agora, falando sobre seus trabalhos da escola, sobre História e sobre a vida. Aqueles dias eram ótimos e, acredite em mim, sei disso. Certo dia, ao observá-la, comecei a me angustiar com o pensamento de que ela estava crescendo muito rápido; nós não teremos mais esses bate-papos entre mãe e filha. Então, minha tristeza momentânea foi interrompida por uma visão linda. Eu nos vi novamente no mesmo lugar, na minha cama, mas desta vez era outro bebê, porque uma nova mamãe veio visitar a vovó. O bebê é lindo, a mamãe está enlevada, e a vovó é muito legal. Assim que vi essa cena em minha mente, orei por isso.

*Deus,*
*Por favor, cuide*
*Da minha preciosa criança*
*Porque o seu caminho agora*
*A leva para longe de mim.*
*Que os anjos a circundem*

*E que ela possa encontrar o seu caminho.*
*Que meu amor por ela*
*Seja a Luz que a envolva*
*Por todos os dias da sua vida.*
*Amém.*

# Eu vou sobreviver[13]

Há algum tempo, o cantor e compositor Rupert Holmes fez grande sucesso com uma canção que falava sobre um casal que, cansado da monotonia de seu casamento, colocou anúncios em jornais buscando emoção e aventura, mas sem que o parceiro soubesse. Quando um respondeu ao anúncio do outro, ambos descobriram que o que procuravam, na verdade, era fazer alguma coisa diferente, porém juntos.

Anos atrás, conheci um homem cuja esposa havia falecido e que não fazia outra coisa a não ser ficar se lamentando: "Nunca a levei para fazer as viagens que ela queria; nunca lhe disse quanto eu a amava; há uma porção de coisas que eu devia ter feito e não fiz..." Era trágico observar que ele agora enxergava tantas coisas sobre um tempo que não voltaria mais.

Muitas pessoas resistem, por inúmeras razões, à grande aventura que é o Amor. É como se a grande oportunidade batesse à sua porta, mas você não abrisse. Uma coisa é quando você não sente a energia porque a pessoa não é quem você esperava. Outra coisa é quando a pessoa certa está lá – e a energia também –, mas não damos o tempo e o espaço necessários para que o relacionamento possa cultivar o que já existe de bom, e transformar-se numa coisa realmente extraordinária.

Quando você tem certa idade, a idéia de desperdiçar uma oportunidade soa como uma blasfêmia – especial-

13 - "I will survive" – Título da mais famosa canção da era Disco e que foi também o maior sucesso da cantora americana Gloria Gaynor. Lançada em 1978, continua a ser muito tocada até hoje. (N. do T.)

mente se a oportunidade for para amar. O Amor queima de maneira mais intensa na maturidade, simplesmente porque você não tem mais a ilusão de que aquelas fagulhas que caíram aqui hoje estarão por perto no dia seguinte.

Muitos de nós estamos bastante machucados, o que nos impede de amar sem medo. E o medo, embora seja raramente justificado, é compreensível. Mas há um desafio a encarar: deixar para trás esse medo acumulado durante tantos anos, para que nos tornemos capazes de viver o amor que está bem diante de nós. Esse desafio é o chamado desafio romântico da maturidade.

*Deus,*
*Por favor, dissolva*
*As paredes que bloqueiam o meu coração.*
*Remova o temor*
*E restaure a minha alegria*
*Para que eu possa amar de novo.*
*Amém.*

UM DE NOSSOS MAIORES MEDOS É O TEMOR DO ABANDONO. Quando alguém decide que é hora de ir, e seu amor significava tanto para nós, cria uma ferida primal.

Metafisicamente falando, quando nos separamos de alguém que amamos, revivemos a experiência de nossa separação original de Deus – ou a ilusão de que poderíamos ter nos separado Dele. Na verdade, uma separação dessas poderia estilhaçar o Universo, que não seria mais o mesmo, caso acontecesse. O fato é que nossa união com Deus, e com cada um de nós, é um aspecto fundamental – e inalterável – da realidade.

Sem nos darmos conta disso de maneira consciente,

substituímos nossa ânsia por manter contato com Deus pela busca de um parceiro. A conexão com alguém que se ama é assim viciante porque nos lembra de nossa união com Deus; e a separação é tão devastadora porque nos lembra a dor que é nos afastarmos Dele. E essa é uma situação sem saída: quando me sinto separado de Deus, mais necessidade tenho Dele. E, estando afastado Dele, não estou mais inteiro. Sinto-me fraturado, e isso pode acabar comigo.

Por isso amar pode ser um inferno, mas também pode ser celestial.

As duas hipóteses merecem ser investigadas.

MUITAS VEZES, AQUELE QUE LEVA EMBORA NOSSAS DORES é o mesmo que deixa muitas outras.

Certa vez, acreditei ter vivido o maior romance de minha vida. Então, num belo dia, simplesmente acabou. Eu tinha ouvido histórias sobre pessoas que abandonavam sua família para nunca mais voltar. Mas sempre pensei que devia ter alguma coisa mais, certamente não poderia ser assim tão simples. Ninguém apenas acorda um dia e diz "Está tudo acabado", e pronto. Pelo menos, era o que eu pensava até o dia em que aconteceu comigo.

Sou uma dessas pessoas que precisa falar... para processar, para compreender, ou pelo menos para dar e receber perdão, se for o caso. Mas algumas pessoas acham que toda essa falação é demais. Talvez porque achem que me exponho muito durante uma conversa. Seja como for, parece que elas preferem remover cirurgicamente a outra pessoa de suas vidas, queimar as pontes que as ligavam e jogar uma bomba no jardim que poderia vir a ser uma amizade duradoura.

Aquele homem tinha me dado um presente. Com ele, experimentei um amor que não conflitava com o sentido de minha missão nesta vida. Finalmente, parecia não haver nem competição, nem separação entre minha vida amorosa e minha carreira. Era um sentimento novo para mim, pela primeira vez não me sentia negligenciando um lado para preservar o outro. Ao contrário, seu amor me parecia uma jangada, sobre a qual eu podia me deitar serenamente. Antes desse romance, eu sentia que os diferentes elementos de minha vida eram como pratos se chocando dentro de uma lava-louças superlotada. E, com ele ao meu lado, não havia choques. As coisas que pareciam difíceis de resolver não eram assim tão complicadas, afinal. Quando eu me encontrava no meio de um processo qualquer extremamente estressante, ele vinha com uma frase do tipo: "Está bem, mas o que vamos ter para o jantar?", e eu derretia.

Mas tudo acabou de maneira abrupta e indelicada. Claro, eu tinha uma escolha. Nas palavras de "Um Curso em Milagres", eu poderia ser refém de meu ego ou hospedar Deus. Eu sabia que não há meio de deixar os outros partirem sem lhes dar uma bênção genuína. Não seria suficiente apenas dizer "Está bem, pode ir". Eu tinha que ser capaz de dizer "Pode ir e vou orar para que vá com os anjos. Pode ir e espero que seus sonhos se tornem realidade. Pode ir e lhe desejo toda a felicidade". Eu resisti, porque estava repleta de ressentimento. Mas rezei.

Logo depois, estava lendo "Um Curso em Milagres" e surgiu uma verdade que eu precisava saber. Fui lembrada de que todos nós somos sagrados perante os olhos de Deus e que, seja qual for a mágoa contra alguém, tem mais a ver com nossa necessidade de encontrar culpa do que com alguma coisa que a pessoa tenha feito. E que, independentemente do erro que alguém tenha cometido no passado, posso escolher enxergar apenas sua inocência no presente. E a leitura dessas coisas teve o miraculoso poder de transmutar minhas emoções, de remover as dolorosas impurezas que não estavam arruinando os dias dele – mas apenas os meus!

O ego se banqueteia dessa dor como um cão que escava as infindáveis evidências da crueldade das pessoas, das coisas malfeitas, das injustiças e tudo o mais. É muito tentador monitorar os problemas de outra pessoa, deixando de lado aquilo que poderíamos aprender da situação. Um dos mais importantes presentes que uma relação nos oferece é a autoconsciência. No final de tudo, esta é a razão para amar: a possibilidade de, um dia, nos transformarmos no Amor. E tudo o que vier a acontecer servirá para mostrar como estamos nos saindo até aquele momento.

Certa manhã, acordei pensando nele. E me vi fazendo uma oração espontaneamente, não mais para que Deus me ajudasse a passar por aquela experiência, mas para que Deus o ajudasse. Eu havia compreendido que o comportamento dele, no final de nossa relação, não era o de uma pessoa cruel, mas o de uma pessoa machucada. Entretanto, a intensidade de minha dor havia me deixado incapaz de enxergar através da cicatriz que ele havia me infligido. Até então, eu não pudera sentir verdadeira compaixão pelas cicatrizes dele. E essa foi a minha lição: aprender a sentir compaixão pelas dores dos outros para que pudesse curar minhas próprias dores. E naquela manhã, em particular, eu aprendi a fazer isso. Consegui imaginar o tamanho da dor pela qual ele deveria estar passando para ter sido capaz de jogar fora o tipo de conexão que havíamos estabelecido. Lembrei-me das palavras de *Emerson*[14]: "Sempre que você conhecer alguém, lembre-se de que este alguém está passando por uma grande batalha". Eu podia ver isso nele, então orei para que pudesse se curar.

---

14 - Ralph Waldo Emerson (1803-1882), poeta e ensaísta americano. (N. do T.)

Compreendi também qual talvez fosse o entendimento forjado entre nossa alma. Como muitas outras mulheres, a raiva contra os homens – desde os pais ausentes até os amantes indisponíveis – deixava uma rigidez em meu coração que não me fazia bem. Ao perdoar aquele homem, ao desejar sinceramente que ele fosse feliz, senti uma mudança dentro de mim. Ele representou todos os homens que já haviam me rejeitado e, ao perdoá-lo, perdoei a todos eles simultaneamente. Finalmente, num sentido bastante profundo, eu estava livre.

A bênção foi que eu havia passado por uma experiência, coisa que não pode ser transmitida ao próximo. Ela está lá um dia, e no outro não existe mais. No final, você acaba compreendendo que tudo é seu e, ao mesmo tempo, nada é seu. Como diz Helena a seu amado Demétrius em *Sonho de Uma Noite de Verão*[15]: "Encontrei Demétrius como se fosse uma jóia/Minha, mas também não minha..." Quando somos jovens, nos agarramos firmemente ao amor, na esperança de que ele dure para sempre. Mas, quando se fica mais velho, compreende-se que não é preciso mais se agarrar dessa maneira, porque o amor fica para sempre. As pessoas vêm e vão, mas o amor permanece, se ele está dentro de você.

As pessoas costumam dizer: "Mas fiquei tão magoado, como poderei acreditar nisso novamente?" A fé no Amor não significa ter fé na personalidade de alguém; quer dizer ter fé na natureza imutável do próprio Amor. Ter fé no Amor não é acreditar na outra pessoa; em última análise, é ter fé em nós mesmos. Em nossa capacidade de discernimento e em nossa capacidade de perdoar. Em nossa capacidade de amar

---

15 - Comédia de William Shakespeare, escrita por volta de 1590. (N. do T.).

ardentemente, mas com a completa consciência de que o objeto de nosso amor hoje pode ter partido amanhã.

O verdadeiro Amor é um risco. Mas o Universo tem os poderes de nos dar aquilo que desejamos e de nos ensinar a amar. Se desejamos a felicidade dos outros quando estão conosco, mas sonegamos esse desejo quando eles partem, então nós não recebemos essa felicidade. Uma felicidade que não é constante não é felicidade.

Nosso dever é a vontade de Deus. Fomos trazidos às outras pessoas numa missão divina, o espírito trabalhando na mente subconsciente, levando-nos até as pessoas com as quais teremos as melhores oportunidades para nosso crescimento espiritual. Isso não quer dizer que as lições serão sempre as mais fáceis. Na verdade, algumas delas foram apresentadas para que compreendêssemos a lição do discernimento – em outras palavras, para nos ensinar o que devemos fazer: distinguir, diferenciar, avaliar... e, se for o caso, dar meia-volta e escolher novos caminhos.

Algumas vezes, a experiência de passar por aquilo que você não deseja acaba ensinando o que você realmente deseja. Aquela pessoa que o abala pode liberar você para seu verdadeiro amor. Algo não saiu do jeito que você esperava, mas talvez fosse para ser assim mesmo. Um relacionamento pode ter lhe apresentado seu verdadeiro "Eu", colocando-o num patamar mais elevado. O verdadeiro amor não pode surgir até que você se conheça, e isso não vai ocorrer até que certos apetites sejam extirpados de você.

Você pode não ter tido vontade de se comprometer por não estar pronto para isso. Agora, após fugir do comprometimento, você pode parar de correr. Mas, tendo sido picado, pode parar de dar picadas. Nesse momento, um verdadeiro amor – alguém que não foge nem é atraído pela dor – está em seu caminho. Nas palavras do poeta persa *Rumi*[16], "De um coração despedaçado corre a fonte de uma paixão abrasadora que nunca vai secar".

Não deixe passar a batida de um coração. Perfume a sua alma. Deixe sua casa pronta. Prepare o seu coração.

Talvez você tenha se decepcionado com um amor deste Mundo... Isso talvez tenha ocorrido para que você aprenda a confiar apenas em Deus.

*Deus,*
*Entrego a Você*
*Meus relacionamentos passados,*
*Deus,*
*Para que seu peso não me pressione mais.*
*Eu liberto aqueles que me machucaram:*
*Que eles possam agora encontrar a sua alegria.*
*Que eu possa ser perdoado*
*Pelas mágoas que infligi*
*E que todos nós*
*Possamos encontrar*
*A verdadeira paz.*
*Amém.*

O PROBLEMA EM AINDA NÃO CONFIAR EM DEUS é que nós tendemos a nos apoiar em outras pessoas. Quando falhamos em aceitar um amor que estará sempre presente, nos tornamos vulneráveis para aqueles que são passageiros.

Lembro-me de um programa de televisão que era muito popular quando eu era menina, chamado *Papai Sabe Tudo*.

16 - Poeta, jurista e teólogo muçulmano do século XIII, seus versos dedicados ao amor são considerados por alguns os mais profundos de toda a literatura islâmica. (N. do E.)

Toda vez que a filha adolescente entrava na sala, seu pai dava um enorme sorriso e exclamava "Alô, princesa!". Quando uma garota se vê tão profundamente adorada pelo seu pai nessa fase, seu cérebro registrará uma propensão emocional por homens que a tratem da mesma maneira. Uma atenção masculina assim se torna natural para ela; ela vai crescer sabendo qual é essa sensação e como responder a ela.

Mas, se a atenção masculina não existir, a garota pode crescer e se tornar uma mulher que se desvia desse tipo de comentário, porque ele será estranho para ela – ou pode entender tal elogio como se fosse uma proposta de casamento! De qualquer forma, existirá um vazio no lugar onde deveria existir um sentido verdadeiro de seu Eu feminino. E isso reflete uma pessoa falsa que atrai pessoas igualmente falsas.

Uma mulher como essa será vulnerável aos charlatães emocionais – aqueles homens charmosos que dizem as coisas certas, mas que não emitem um sentimento de responsabilidade –, recebendo suas manifestações de adoração. Esse charlatão foi em geral uma criança machucada. Alguma coisa fez com que ele aprendesse esse tipo de comportamento como uma habilidade para a sobrevivência. Por alguma razão, ele chegou a sentir, numa idade muito precoce, que o fingimento era um modo de ser mais normal do que a autenticidade. Uma conexão consciente com seus sentimentos mais profundos foi substituída pela necessidade de encontrar um modo de agir que o ajudasse a superar o momento traumático. A vida o ensinou a portar-se falsamente – não se apresentar como verdadeiramente é, em contato com sua verdade mais profunda – para mostrar, com a velocidade de um raio, qualquer comportamento que lhe dê uma vantagem de curto prazo.

Alguém que tenha aprendido, muito jovem, as sutilezas da manipulação humana tende a ser muito bom nisso quando adulto. Essa pessoa simplesmente carece de integridade, não porque seja uma pessoa má, mas porque foi retirada de seu centro espiritual quando criança, e ainda não aprendeu a reavê-lo. Quando criança, ela era uma vítima; mas, como um adulto, ela vai ser responsabilizada pelo seu comportamento. Como um amigo me disse uma vez, "O Universo mantém um perfeito conjunto de Livros de Registros".

Por quantas vezes já desculpamos alguém pelo seu comportamento inaceitável dizendo algo como: "No fundo, ele é apenas um rapazinho magoado"? Uma amiga minha respondeu assim: "Então era Hitler". O fato de que eu tenha compaixão por você não significa que eu não vá excluí-lo de minha lista de contatos.

Pessoas magoadas ferem outras. E são atraídas por pessoas magoadas. Portanto, todos nós devemos ter cuidado.

As pessoas descritas acima seriam facilmente atraídas uma pela outra porque as suas neuroses se ajustariam perfeitamente. Ele é um perfeito ator, e ela é facilmente atraída por um grande ator. O intento de seus egos é acionar as mágoas um do outro, mas a intenção de Deus é que eles curem as suas mágoas. O que vai acontecer depende deles. Seja quem for que esteja disposto a trabalhar um relacionamento, e vendo nisso a oportunidade de curar a si mesmo, receberá essa bênção mesmo que a outra pessoa não faça a mesma opção. E, em última análise, todos nós chegaremos ao mesmo lugar; as lições que não tivermos aprendido continuarão a aparecer para nós enquanto não as aprendermos.

O processo de cura pode ser doloroso, seja essa cura a necessidade de enfrentar a vergonha de nossa própria humilhação, ou a dor de abandonarmos alguém cujos padrões são insalubres para nós, embora amemos essa pessoa mesmo assim. De qualquer maneira, a dor da cura é preferível à dor de permanecer num padrão neurótico.

A mulher poderá descobrir, caso procure, que mesmo que seu pai terreno não estivesse presente, seu Pai Celestial sempre esteve; nunca deixou de amá-la; e foi Ele quem a criou, da forma como ela sempre será. O homem vai descobrir – se continuar a sua busca espiritual – que os padrões equivocados que ele aprendeu tão cedo, e que se transformaram em forças sobre as quais ele parece não ter controle, poderão ser curados quando ele os reconhecer e orar para que sejam revogados.

Será que esse homem e essa mulher conseguirão superar suas feridas? Será que ela vai se tornar forte o suficiente para perder a atração por falsos românticos, preferindo o verdadeiro amor em vez de seus sucedâneos? Será que o homem vai finalmente sentir-se mal com toda a mágoa que causou aos outros, para finalmente pedir ajuda a Deus e mudar o seu comportamento? Cada um deve fazer a sua escolha. Aquele que aprender vai envelhecer e se aprimorar. Aquele que não aprender vai apenas envelhecer...

*Deus,*
*Por favor, cure*
*Minhas feridas românticas*
*Para que eu receba e ofereça*
*O verdadeiro amor.*
*Ensine-me como deixar o amor entrar*
*E como deixá-lo permanecer.*
*Amém.*

NA AUTOBIOGRAFIA DA ATRIZ ELLEN BURSTYN, *Lessons in Becoming Myself,* ela descreve a maneira como, depois de várias décadas e de uma longa seqüência de maridos e namorados, fez uma pausa de vinte e cinco anos – repito, vinte e cinco anos – antes de finalmente encontrar o saudável romance que ela sempre desejou. Durante esse hiato, ela nem mesmo namorou, tão certa estava de que, se desenvolvesse uma ligação, seria apenas reflexo do mesmo padrão doloroso que havia repetido em todos os seus relacionamentos anteriores.

Chamo isso de "Amor e sexo rápidos". Poucas pessoas encaram dessa forma, é claro. Quando estamos passando por essa experiência, podemos achar que é porque estamos mais velhos e não atraímos amantes tão facilmente quanto antes. Mas a verdade é que nós declaramos uma pausa num nível subconsciente nos romances, não importando quão a mente consciente reclame dizendo que há alguém que adoraríamos conhecer.

Qual a razão para isso? Uma amiga minha, na maturidade, respondeu-me assim quando perguntei se ela estava namorando: "Não. Não consigo suportar a mim mesma quando estou num relacionamento. Prefiro nem sequer fazê-lo". Quando você percebe que em todas as suas relações encontrou o seu próprio demônio, entende que, até que consiga lidar com ele, nunca encontrará o verdadeiro amor. Simplesmente porque esse demônio o bloqueia. E o demônio pode tomar diferentes formas de seu arsenal de auto-sabotagem: insegurança, falta de limites, inveja, desonestidade, raiva, ou qualquer outra forma de falta de autenticidade que o leve novamente a ser atraído para pessoas maldosas ou a expelir as pessoas boas. É muita ingenuidade subestimar os poderes do demônio. Uma amiga me contou, após um de seus romances tornar-se muito desagradável: "Depois de outra destas vou querer me matar". Compreendi o que ela quis dizer. Chega um momento em que um romance não vale a dor de seu desaparecimento; quando o risco de um desastre romântico supera a emoção de vivê-lo. E esse tempo é... adivinhou... Mais freqüente na maturidade.

Por quê? Em primeiro lugar, leva tempo para termos passado por desastres suficientes. Então você passa a fazer todo o possível para evitar mais um. Depois, você chegou a um ponto que não é tão difícil ignorar seus hormônios. Seu corpo não fica mais tão perturbado ao ouvir dizer que você está dando um tempo; ele até prefere, porque precisa de uma parada.

O desejo pelo amor ainda está lá, mas ele transmuta em alguma coisa menos pessoal. Não no sentido de que você não adore mais uma conversa íntima ou um corpo quente perto do seu; mas no sentido de que a vida forçou você a olhar através da ilusão de que qualquer ser humano pode apagar as suas mágoas. Você percebe que toda a mitologia romântica que nos foi trazida é como um arquivo de computador corrompido. Até que este arquivo tenha sido removido e substituído por outro, o resultado final estará defeituoso.

Isso não quer dizer que você não anseie por amor – isso nunca pára. Para falar a verdade, justamente pelo fato de já ter sofrido o bastante é que provoca o seu avanço na autoconsciência que liberta. Como se diz nos Alcoólicos Anônimos, todo problema tem a sua própria solução. Só quando o amor o machucou bastante é que você percebe como e por que se preparar para essa dor.

Ellen Burstyn veio a entender que os padrões negativos de seus relacionamentos eram reflexos de feridas da infância, as quais teve que reencenar até que estivessem curadas.

É assim que todos nós fazemos. Até que aquele trabalho esteja feito, não há como escapar da roda do sofrimento. Nosso subconsciente não está errado em nos afastar do amor e do sexo por um tempo, enquanto o trabalho está sendo feito e profundamente absorvido em nosso sistema. Isso não acontece para que fiquemos isolados, mas para que possamos sobreviver.

Na infância, ocorreu uma mágoa. E aí veio a idade adulta e todos os desastres que surgiram por causa das feridas da infância. Depois, finalmente chegou a maturidade, quando é tempo de lidar com tudo aquilo que aconteceu na infância e na idade adulta. A meia-idade é o tempo da cura, quando nosso coração pode ficar livre do passado e ser liberado para a plenitude que o amor traz.

Quando você vê várias pessoas de maturidade em seminários sobre crescimento pessoal, não é porque eles desistiram do amor e esse é o seu único entretenimento agora. Com freqüência, eles têm lembranças que podem até chocar as pessoas mais jovens ao seu redor. A maturidade não é um tempo para se alongar sobre as lembranças do amor e dos demônios que já encontramos; é a hora de desenvolver a capacidade de enviar esses demônios de volta para o inferno.

Ellen Burstyn escreve: "Agora que acho que estou pronta para amar, temo ser tarde demais". Com essa declaração, ela ecoa os receios de muitos de nós. No entanto é apenas algo típico, o último esforço do demônio para nos dissuadir, uma dor muito comum que surge em nossa cabeça no minuto antes do milagre.

Depois que seu coração e mente estão realinhados – quando o seu Eu estilhaçado na infância já não está se manifestando em relacionamentos partidos –, então você está pronto para amar novamente. Integridade, verdade, generosidade e bondade tornam-se elementos-chave em suas novas habilidades românticas. Você passa a perceber o que fez de errado no passado e a se perdoar, começa a compreender as atitudes das outras pessoas e, quando necessário, torna-se capaz de perdoá-las também. Você está humilde, finalmente, em sua pureza e graça.

No epílogo do livro, Burstyn descreve como finalmente encontrou o homem de seus sonhos, e terminei de ler a última página pensando "Como eu gostaria de ler a seqüência!"

Eu havia lido centenas de páginas sobre os horrores do seu passado; agora eu queria saber como as coisas tinham se tornado e queria me sentir como ela.

Assim como certos alimentos precisam ser adequadamente preparados para que possamos desfrutar dos seus nutrientes, nossas capacidades românticas precisam de anos para finalmente adquirir toda a sua riqueza. Perguntei à Burstyn como eram as coisas agora, como era se sentir amada e amando. "O que é diferente?", perguntei a ela. "Para começar", ela disse, "há muito mais respeito e muito menos julgamento. As conversas não degeneram em discussão e as discussões não se tornam violentas. E eu sei agora como deixá-lo ser o que é".

Em nossa juventude, encontrávamos amor, mas não sabíamos o que fazer com ele. Então, às vezes, depois de um período que parecia demorado, o amor nos encontrava ou nós o encontrávamos de novo. E, desta vez, sabíamos o que fazer com ele. Aquele tempo sem amor não era o fim de tudo. Era apenas a nossa salvação romântica.

*Deus,*
*Por favor, revele-me*
*A Glória da Virilidade,*
*A Beleza da Masculinidade*
*E a Grandeza dos Homens.*
*Amém.*

SEMPRE DETESTEI PREENCHER um formulário com as opções "Solteira", "Casada" ou "Divorciada". Sempre deixei essa parte em branco, como uma forma de dizer "Ninguém tem nada com isso".

Acho que eu agia assim porque me parecia pessoal demais. Era como se eu desse a permissão para alguém fazer suposições sobre mim baseadas em categorias externas. (Calma, Marianne. Isto é apenas um formulário do plano de saúde dental.)

Não que eu esteja dizendo, é claro, que não importa se estamos casados ou não. É apenas uma forma de dizer que as questões mais profundas sobre o amor não têm a ver com a forma, mas com o conteúdo. O problema que vejo e que bloqueia o impulso romântico é um sentido de supressão do Eu. Muitos homens não estão certos de como serem homens e muitas mulheres sentem a mesma coisa. O desvio de nossa geração para uma esterilidade ambissexual era parte de nossa característica emocionalmente atrofiada, e que nos carregou durante muitos anos. Quando uma mulher acha que pode exceder o seu "lado masculino" e ainda assim um homem vai desejá-la, ou quando um homem sobrepuja seu "lado feminino" e uma mulher ainda o deseja, então essa confusão leva a todas as formas de dor. Toda essa tendência ilusória começou a se autocorrigir, mas a ferida geracional ainda não está totalmente curada. Essa é uma das muitas áreas em que nossos pais estavam certos, talvez pelas razões erradas, mas aquilo que nós não percebíamos, eles sabiam.

Minha mãe era muito franca. Se ela tivesse uma opinião sobre alguma coisa, você logo saberia. Se não gostasse de algo, ela não deixaria de falar. E meu pai nunca deixou transparecer que ele teria o direito de interromper as manifestações dela. E ele nunca pareceu querer interrompê-las. Entretanto... havia um limite que ele algumas vezes fixava, não em relação à auto-expressão dela, mas sim ao desconforto que pudesse estar sentindo.

Meu pai nunca a chamou por seu nome, nunca. Ele sempre usava "Querida". Mas de vez em quando – naqueles raros momentos quando alguma coisa que ela estivesse fazendo poderia aumentar a tensão – ele simplesmente olhava para minha mãe e dizia "Sophie Ann". E minha mãe parava. Era assim. Ela ficava em silêncio. Levei muitos anos e muitas lágrimas para compreender que mulher de sorte minha mãe era.

Para que uma mulher sinta-se livre, forte e criativamente impetuosa, ela não pode se dar ao luxo de ficar com um parceiro que, de alguma forma, seja um obstáculo para ela, não lhe dê valor ou a castigue por ser quem é. Uma mulher pode ser abençoada pela presença de alguém que diga, de forma que não venha a minar a sua confiança: "Você tem certeza de que quer ir tão longe?"

Para muitas mulheres, o desejo mais ardente é um lugar onde possa relaxar. Somos como a água de uma piscina. É claro que apreciamos o concreto; mas tudo o que temos a fazer é apenas sermos a água. Ser uma mulher é o que magnetiza o amor. E nada mais poderoso do que um estado de profunda aceitação do que é SER. Perguntamos com bastante freqüência "Como podemos mudar isto?", quando na verdade deveríamos perguntar: "Como podemos investigar esta circunstância da melhor maneira possível?"

Se você é solteira ou solteiro e gostaria de ter um parceiro, será capaz de atraí-lo apenas quando tiver dominado as lições de viver sozinho. Não se pergunte como poderia "conseguir" um homem (ou uma mulher). Pergunte-se como você poderia ser a melhor pessoa do mundo – e, quando isso acontecer, gostará tanto da experiência que não vai importar se o parceiro vai notar você ou não. Isso quer dizer, é claro, que os parceiros irão notar.

Fiz muitas pesquisas para criar um relatório sobre esse assunto.

Uma das perguntas mais insidiosas da auto-sabotagem é: "Por que eu não consigo encontrar o homem certo (ou a mulher certa)?" Isso implica que haja alguém lá fora, talvez na Mongólia ou em algum outro lugar que, se você soubesse onde está, pegaria o próximo vôo e apareceria de repente na frente de seu amor...

Mas como, metafisicamente falando, não existe nada fora de nós – tudo que vivemos é um reflexo daquilo que se encontra em nossa mente – não há sentido em pegar o próximo avião para a Mongólia se ainda não formos o par perfeito para o nosso parceiro. E, uma vez que estivermos prontos, não precisaremos ir a lugar algum, porque ele ou ela simplesmente aparecerá.

Sempre que as pessoas se manifestam em minhas palestras – e isso acontece freqüentemente – para dizer que seu desgosto se deve ao fato de não encontrar um companheiro, eu costumo dizer: "Diga-me a verdade, e eu sei que você sabe. O que você tem feito para manter o amor a distância?"

A platéia fica sobressaltada, como se eu tivesse dito alguma coisa grave. Talvez seja verdade: pedi à pessoa que confrontasse suas dificuldades. Sugeri que ela tomasse para si a responsabilidade por seus atos. Depois de uma pausa, recebo uma resposta honesta:

"Eu sou carente".

"Eu atraio os homens, mas então começo a agir como homem, e eles vão embora." Não sou muito feminina".

"Sou ciumenta".

"Eu sou brava".

"Sou muito controladora".

"Estou tão desesperada para ter filhos que os homens percebem".

Geralmente eu respondo assim "Ah, bem, então não é ótimo que seu grande amor ainda não esteja aqui? Você vai poder lidar com isso agora, de modo a não estragar outra boa oportunidade".

Em outras palavras, não é apenas compreensível a razão de esses homens e mulheres estarem solteiros, ainda bem que eles estão! É a hora de eles se prepararem. E a hora de fazer todo o trabalho, tanto interna como externamente, coisa que vai além de se preparar para o Dom que realmente existe – não como uma mistura de emoções fragmentadas, neuroses não curadas e corações partidos por causa de um passado sem perdão.

A coisa mais importante a se trabalhar será sempre a natureza de seus pensamentos. Quando acreditamos que falta alguma coisa, criamos mais deficiências. Por quê? Porque a carência está no núcleo de nossas crenças. Criando as deficiências, você atrai mais deficiências. "Sinto falta de um amor em minha vida" não é um pensamento capaz de atrair um parceiro. "O que eu tenho para oferecer é muito bom" soa muito melhor.

E uma coisa que a gente nunca deve fazer é acreditar nas estatísticas. Anos atrás, especulava-se que uma mulher na maturidade teria mais chance de ser morta por um terrorista do que encontrar um amor. Pois acredite! Nós temos uma chance! Devemos observar com cuidado aquilo que lemos. Estarmos cientes do lixo que colocamos em nossa consciência. E não esperar que as vozes do mundo saibam uma única coisa sobre aquilo que está acontecendo em seu universo.

Uma amiga minha observou uma vez: "Detesto estar solteira, porque, quando vou a uma festa sozinha, me sinto como se todo mundo me achasse patética e estivesse com pena de mim". Eu lhe disse que isso estava apenas em sua mente. "Como você sabe", perguntei, "se eles não estão pensando que você vai se encontrar com George Clooney depois da festa?" A maturidade é o período de parar de dar atenção para as opiniões alheias. Deixe-os pensar o que quiserem, porque são seus pensamentos que criam as suas experiências.

O amor é atraído para quem está disposto a ser mestre e ao mesmo tempo aluno do amor. Ele não pergunta qual a sua idade nem quanto tempo levou para você aprender as coisas. Ele apenas pergunta se você está pronto e, se estiver, ele se aproxima.

Pode demorar muito para que você chegue às portas do amor com alguma bagagem. Pode ter havido lutas em abundância para fazer todas as mudanças, da carência até a autoconfiança, da ansiedade para a leveza, da censura ao perdão... Mas, quando você chegar, você realmente chegou.

Certa vez alguém me disse: "Você é tudo que eu sempre quis". Eu virei meu rosto e falei baixinho: "Querido, se você soubesse..."

QUANDO VOCÊ ESTÁ AMANDO, EXISTE A CHANCE de deparar com

os demônios que o rodeiam: o medo, as mentiras de alguém, a traição de alguém. Mas você tem duas escolhas – prosseguir com timidez e medo, onde se pode ler em sua energia: "Tenho medo dos demônios. Cheguei com muita bagagem." Ou você pode ir adiante, com a fabulosa energia que só a experiência do amor pode dar, mesmo com todas as suas vicissitudes, uma energia que diz "Enfrentei os demônios e os derrotei".

Nenhum homem fica animado com uma mulher amarga que ele conheceu na noite passada. Mas ele pode ficar entusiasmado quando conhece uma mulher cujos olhos e sorriso têm sabedoria, que dizem que ela sabe como são os homens e ainda assim acha que valem a pena.

Na maturidade, você vê os homens de um modo diferente de quando era mais jovem. Eles pareciam muito poderosos naqueles anos em que você sentia-se fraca. Mas agora que você encontrou a sua própria força e, portanto, consegue se enxergar com mais discernimento, você vê os homens de uma forma totalmente nova. A força, o esplendor, os males que eles possam carregar, suas necessidades, sua alma, seu corpo, tudo agora faz mais sentido, mesmo que você não esteja ligada a ninguém. No luminoso lugar do puro entendimento, você sabe que um homem não pode machucá-la nem completá-la. Nesse momento, quando a necessidade expulsou o desejo, é que ele queima com mais intensidade.

Entre outras coisas, a experiência ensina a fazer melhores escolhas. Se surgirem oportunidades que não sejam gratificantes, você saberá como deixá-las de lado. Sua nova visão vai possibilitar que você diga "não" a situações não-confiáveis e um digno "sim" para as coisas boas. Nenhum livro didático poderá lhe ensinar coisa parecida.

Algumas vezes, é a dor do amor que o transforma em alguém com a coragem de seguir adiante. Você passa a agradecer a Deus pelas lições aprendidas, não importa de que maneira chegaram até você ou como se sentiu na ocasião em que os aprendeu. Então, e daí que você não é mais jovem? Você tem muito mais conhecimento agora, e muito menos medo. Agora você já está pronto para o amor. Então, deixe que ele venha.

# À MEIA-NOITE[17]

Lembro-me do momento em que o médico me contou. Eu estava na cozinha, nem um pouco preparada para receber a notícia. Meus ciclos menstruais eram bastante espaçados e eu reconhecia que as chances eram grandes, embora eu ainda fosse muito jovem, de o fim ter chegado.

E ele chegou. O médico falou sem rodeios: "Aconteceu".

A cozinha girou em torno de mim, me senti muito fraca para ficar de pé. Sentei-me lentamente e as lágrimas começaram.

Depois de tantos anos evitando ficar grávida, você subitamente descobre que nunca mais poderá engravidar, mesmo se quiser. Naquele momento você lamenta cada maldito ato de controle de natalidade que você realizou durante toda a vida.

Lembro-me de um pôster que era muito popular anos atrás, com uma personagem de desenho animado exclamando, "Oh, céus, eu me esqueci de ter filhos!" Muitas de nós demoramos tanto tempo para amadurecer que estávamos quase na maturidade quando percebemos que queríamos crianças!

Um dia, estive num almoço onde me sentei perto de um homem com a minha idade que se deliciava contando histórias sobre suas enteadas adolescentes. Ele comentou que nunca tinha tido filhos e que se sentia abençoado por ser agora um padrasto.

Sentindo a sua felicidade e como estava absolutamente maravilhado pela alegria que as garotas tinham trazido à

---

17 - "In the midnight hour" – Canção de 1965, grande sucesso de Wilson Pickett, gravada também por muitos outros artistas. (N. do T.)

sua vida, fitei-o por um momento e disse: "Nós fomos tão estúpidos". Ele olhou para mim compreendendo o que eu queria dizer e balançou a cabeça afirmativamente.

É a pura verdade: nós fomos tão estúpidos...

Uma vez alguém me perguntou qual o tipo de grandeza que eu achava que minha filha estava destinada a alcançar, e eu respondi: "Em primeiro lugar, acho que ela vai ter uma grande família feliz". Todos acharam que eu estava brincando. Eu não estava.

Não importa se você quer ou não ter filhos. Ainda assim, a partir de uma perspectiva psicológica, isso se torna importante quando chega o dia e você reconhece que não poderá mais tê-los, mesmo que os deseje. Para os homens, é óbvio, as coisas são diferentes e eles podem prosseguir. A Natureza sabe quanto tempo leva para que eles cresçam! (Brincadeira!) Mas, para a outra metade da raça humana, algo milagroso ocorre no corpo todos os meses, e, de repente, essa possibilidade desaparece. Simplesmente desaparece.

Eu assisti com admiração quando o bastão da sensualidade foi passado para minha filha de 17 anos. É claro que não quero imitar a atratividade de uma garota de 17 anos, mas quero me agarrar à minha própria sedução quanto eu puder. Existe certa qualidade psicoerótica – eu sempre sinto isso quando estou na França –, um sentimento de que qualquer noite poderia ser mágica, e você quer estar pronta para ela, quando ela chegar.

Lembro-me dos hormônios da juventude. Lembro-me de quando todas as células de meu corpo gritavam: "Preciso de um homem! De qualquer homem!" Mais tarde, elas começaram a dizer: "Não importa. Eu não ligo". Meu corpo não é mais um escravo de si mesmo como costumava ser, mas a minha alma tem levado as coisas para um lugar totalmente novo.

É bastante natural que existam períodos nos quais o pensamento sexual seja a preocupação de todo mundo; as espécies não podem se propagar enquanto os jovens não ingressarem no processo. Mas, algumas vezes, quando a urgência pelo sexo se torna menos premente, a urgência pelo amor se torna mais pura. O anseio por uma aproximação não tem idade; o que muda é a nossa compreensão pelo significado de uma conexão. Às vezes as pessoas sabem muito sobre sexo, mas não tanto sobre o amor.

Nos domínios do corpo, algo começa a arrefecer quando envelhecemos. Mas, no domínio do espírito, as coisas estão apenas aquecendo. As mulheres maduras estão no encalço não apenas de seu corpo, mas de seu conhecimento. Um homem reconhece, mesmo inconscientemente, que o amor de uma mulher é uma iniciação para a sua própria masculinidade. Em um nível físico, essa iniciação pode ser algo tão rude quanto um passeio no banco de trás de um carro. Mas, em um nível espiritual, é o resultado de uma conexão interna que o sexo em si não pode garantir. Por isso, um homem precisa mais do que uma mulher, ele precisa de uma sacerdotisa.

Toda mulher tem uma sacerdotisa interna que leva alguns anos para emergir. Essa sacerdotisa é feroz – particularmente na cama. Assim que ela chega, procura por homens e não por rapazes.

Não é o suficiente para um homem saber como lidar com o corpo de uma mulher. Ele precisa aprender a lidar com a mulher que ela é, e muitas vezes é a sacerdotisa quem o ensina. Um dos maiores presentes que uma mulher madura dá a um homem é aquilo que faz a jovem namorada desmaiar. "Eu faço qualquer coisa!", pode afugentar a mulher mais velha: "Tá bem, o que mais você tem?", ela dirá. Para ela, ele vai ter que fazer muito melhor.

Se o que você está procurando é fazer bebês, obviamente a mulher mais jovem é o que você precisa. Com uma mulher mais jovem, um homem pode conceber uma criança. Mas, com a sacerdotisa, é mais provável que ele conceba o homem que ele quer ser. Fisicamente, um homem espalha as suas sementes, espiritualmente a mulher espalha as delas. Afinal de contas, nós nos impregnamos mutuamente e é por isso que ambos renascem. Quando um homem passou um período mágico com a mulher sábia o bastante para ter entrado em seus anos de sacerdotisa, será ele quem mais tarde dirá: "Querida, estou grávido". A nova raça daquela nova mamãe tem poderes miraculosos, exigindo uma nova raça de homens.

UM DIA A MINHA FILHA CHEGOU EM CASA E ME DISSE que eu devia ouvir uma nova música. Era uma cover de "Lay, Lady, Lay", de Bob Dylan. Eu disse a ela que havia ouvido a verdadeira música, com o cantor original, e no meu caso, assim como o de outras pessoas, fizemos muito mais do que apenas escutar. Eu costumava me perguntar: "O que será que minha mãe achava que estávamos fazendo naquelas tardes?"

Certa vez, li uma citação que dizia que não importa quantos anos tenhamos, a música que mais faz sentido é a música de nossa juventude. No meu caso, é a pura verdade. A maioria das canções de que eu me lembro são aquelas que eu adorava. De Jefferson Airplane até Van Morrison, há frases que me lembram de coisas maravilhosas, alguns dos mais doces momentos de minha vida. E por que eles eram tão doces? É porque, junto com o nascimento de minha filha, as músicas me levavam a um lugar onde não havia separação entre mim e outra pessoa. Os amores que tivemos em nossa juventude não eram irreais, assim como as estruturas de personalidade que desenvolvemos mais tarde não continham toda essa realidade. Certas coisas que chamamos de "maduro", em nossa sociedade, são espiritualmente regressivas.

Eu acredito na instituição do casamento. Mas é bastante evidente que aquilo que poderia ser o maior libertador do ser humano é transformado pelo ego na prisão mais devastadora. Não apenas para o corpo, mas também para a alma. As palavras "marido" e "mulher" não deveriam ser sinônimas de "colegas de quarto". O amor não deve ser rotineiro nem banal. Quando ele fica assim, perdeu a sua magia. Embora seja confortável compartilhar as xícaras, ter alguém para dividir as contas ou compartilhar os medos – tudo o que faz parte de uma relação maravilhosa a longo prazo –, isso é emocionalmente perigoso quando permitimos que as considerações feitas pelo mundo formem um véu sobre a face do amor.

Certa vez, sentei-me ao lado de um homem em um avião que me contou que ele e sua mulher estavam animados sobre um novo negócio. Pela primeira vez em seu casamento, eles iriam trabalhar juntos. Eles tinham reformado o quarto dos fundos para transformá-lo em escritório. Tudo isso parecia um passo fabuloso para suas carreiras e seu relacionamento.

Quando me contou sobre seus planos, acho que me viu engasgar com a bebida.

"O que foi?" ele perguntou.

"Nada," eu respondi, consciente de que eu não conhecia aquele homem e não devia lhe dar conselhos não solicitados. Mas, como ele persistiu, perguntando novamente, então eu falei.

"Bem, o que eu aprendi é que quando uma mulher está batalhando, ela está num modo de operação masculina. Mas esse mesmo modo, que funciona tão bem no trabalho, necessita uma transição para o modo feminino se ela pretende ser bem-sucedida no trabalho e no amor."

"Prossiga", ele disse.

"Por isso, parece ser muito legal para você agora, quando vocês só precisam caminhar alguns passos de seu escritório até a cozinha, conversando sobre negócios enquanto preparam o jantar."

"E é tão ruim assim?", ele perguntou.

"Não é tanto assim, exceto talvez para o seu casamento." Vocês pegaram a *gestalt*[18] psíquica de um relacionamento comercial e, literalmente, a colocaram dentro de sua casa. E, com o tempo, irão levá-la para o quarto."

"Espere," ele disse. Os homens ficam muito alertas quando o assunto se transforma em sexo. "Então eu não deveria trabalhar com minha mulher?"

"Não foi isso que eu disse. Mas se esse tipo de pensamento faz sentido para você – se acha que você e sua esposa deveriam proteger a qualidade erótica de seu casamento da invasão de uma mentalidade empresarial – então eu sugiro que vocês se separem por trinta minutos quando terminarem o expediente. Ela precisa desse tempo para voltar psicologicamente ao modo feminino. Meditação, caminhadas, música suave, qualquer que seja a necessidade que seu sistema nervoso precise – esse tempo deveria ser construído ritualisticamente em seu novo estilo de vida, ou então você vai descobrir que uma mulher de negócios surgiu em sua cama onde uma deusa erótica costumava estar."

Semanas mais tarde, recebi um bilhete de agradecimen-

18 - *Gestalt* – Teoria que considera os fenômenos psicológicos como totalidades organizadas, indivisíveis, articuladas, isto é, aspectos psíquicos vistos como configurações e interconfigurações conectadas entre si. (N. do T.)

to da parte dele e, depois, um da parte de sua *esposa*[19].

Um amor romântico é uma força da Natureza. É como uma deusa antiga que gosta de receber presentes. Deve ser honrado, respeitado, protegido e tratado com carinho. Caso contrário, simplesmente desaparecerá.

*Deus,*
*Por favor, faça com que*
*Eu tenha Maestria e Sabedoria no amor.*
*Revele-me os seus mistérios*
*E me ofereça a sua mágica.*
*E que eu nunca use o seu poder*
*Para nenhum outro propósito*
*Se não aquele*
*Que o Senhor planejou.*
*Amém.*

UMA AMIGA ME CONTOU QUE SUA FILHA estava se casando aos 40 anos.

"Isso é ótimo! Ela está apaixonada?!"

"Bem, eu não sei se é assim aos 40 anos," ela respondeu.

Pensei comigo mesma, mas por que não? A verdadeira paixão não vem do corpo, mas da percepção. Será que a idade do corpo determina o calor da alma? O amor em si não diminui quando ficamos mais velhos; o que diminui é a forma pela qual estamos dispostos a nos reunir a ele. Nós amamos sem medo quando somos jovens até que aprendemos o que existe a temer. E então começamos a carregar camadas e camadas de mágoas não processadas durante mais e mais relacionamentos. Até que nossa amargura acabe por limitar a nossa capacidade de sentir o êxtase.

19 - Contei a ele sobre um livro chamado *Advice to a young wife from an old mistress*, e compartilhei quanto aprendi com a psicóloga Pat Allen. (N. da A.)

A idade de nossas células não tem nada a ver com a nossa capacidade de reter o amor. A maturidade não é o momento de procurar alguma coisa "mais confortável" e concluir de maneira simplista que os anos de paixão ficaram para trás. Essa paixão não era uma função daquela determinada idade. Ela pode se deslocar de *chakra* para *chakra*, mas seu calor será sempre calor.

O amor não suaviza nem se torna aborrecido quando você fica mais velho, a menos que o permita. A idade o torna mais capaz de apreciar as coisas do que você podia ver, porque você estava ocupado demais olhando para si mesmo. Enquanto não habitar a Totalidade de seu ser, continuará procurando a sua completude no outro. E é claro que isso nunca vai dar certo, porque o amor não está aqui para completar o seu universo, e sim para expandi-lo. No entanto, é bastante difícil apreciar esse conceito até que a noção de um universo em expansão torna-se atraente.

Você não poderá ver a maravilhosa verdade em outra pessoa até que tenha explorado o seu Eu interior. Isso começa a acontecer numa certa idade, quer você deseje ou não. E isso vai transformá-lo. A experiência acumulada do mundo rompe o seu coração e, ao mesmo tempo, o abre totalmente. Lembro-me de ficar no escuro uma noite, logo após o tiroteio numa escola, quando o meu pesar pelos familiares das vítimas tornou-se mais do que eu poderia suportar. Virei-me para meu amor e, por apenas um momento, senti uma requintada compreensão da profunda justaposição de dor e prazer que está no cerne da experiência humana. Eu amava de uma forma diferente antes de entender o sofrimento. A idade pode abatê-lo, mas, enquanto faz isso, ela também o suaviza. Soube naquele momento de que não há garantias. Não há nenhum baluarte contra o sofrimento humano. Nem a minha relação, ou nenhuma outra circunstância, poderá me proteger contra o potencial de um desgosto; o meu destino vai ocorrer, não importa o que aconteça. Mas, quando estamos abertos à experiência, existe a gloriosa beleza de apreciarmos o agora. Quando não encaramos a bondade na vida como algo de direito, angariamos a humildade e a gratidão que mais do que compensam a ausência de nossa inocência. A inocência vai embora, mas o amor permanece. Abri meus braços e celebrei o amor.

ALÉM DAS ÓBVIAS CONVENÇÕES SOCIAIS, NÃO ACHO que deveria se dar importância à idade de seu amante, não mais do que importa a idade de seu médico ou do vendedor do seguro de seu carro. O que importa é o crescimento da alma que aproximou os dois corações. Todo relacionamento tem um arco natural, um tempo que é mais do que perfeito para as lições que esse relacionamento veio ensinar. Algumas delas são longas e outras, mais curtas. Mas o amor nunca vai ceder ao tempo porque o amor é real e o tempo não é. Um momento de verdadeiro amor pode ser mais importante para alguns de nós do que décadas de convivência doméstica.

O amor é uma aventura da alma, seja um caso intenso e de pouca duração, ou um casamento que dure até a morte. Nas palavras de Ram Dass, fomos trazidos para a vida de outra pessoa "por uma razão, uma época, ou pela vida inteira". Não é o período de tempo, mas a profundidade do conhecimento e do perdão que determinam o significado de uma ligação entre duas pessoas. Eu amo a letra de Joni Mitchell que diz que o amor são "almas tocando almas". Algumas pessoas têm dormido juntas durante trinta anos e suas almas nunca se tocaram. Por alguns pontos de vista, seus casamentos são bem-sucedidos... Mas há muitas maneiras de avaliar o amor.

Certa vez, conheci um homem mais jovem do que eu cronologicamente falando, mas muito mais firmemente alicerçado na Verdade de seu Ser do que eu. Comecei aquele falso mantra sobre como ele era muito mais jovem do que eu, até que um dia percebi que aquele olhar zombeteiro em seu rosto não era de desapontamento, era desrespeito. Ele esperava mais de mim. Esperava que eu fosse mais honesta.

Foi uma forma muito conveniente avaliar que ele ainda não tinha tido filhos e, uma vez que eu não podia dá-los, não era mulher para ele. "Se fosse por uma vida inteira, talvez você estivesse certa," ele disse. "Mas eu não queria ficar com você por uma vida inteira, era apenas por um sábado à noite."

Mas como eu poderia relaxar no sábado à noite quando eu já sabia que seria por apenas um dia? Um dia eu vi um episódio de *Sex and the City* sobre "namoro com prazo de validade": você sabe de antemão que aquele namoro vai acabar e não dá mais para continuar. Levei algum tempo para compreender que o prazo de validade nunca me impediu de continuar gostando de iogurte, então não deveria me impedir de continuar gostando dos homens!

A idéia de me apaixonar por alguém que tenha um limite de tempo embutido era aterrorizante; até que percebi: "mas não é isso a morte?" Eu nunca disse "Perdão, eu não posso amá-lo – depois de quarenta ou cinqüenta anos, você provavelmente não estará mais aqui". Não. Temos a dupla ilusão de que a vida é longa e o amor é curto. Na verdade, a vida é curta, mas o amor dura para sempre...

Então, dei uma chance para o rapaz – como se eu tivesse muita coisa para ensinar... E a ironia, que não é bem ironia, mas simplesmente uma coisa óbvia, é que ele – com muito menos medo do que eu – veio para a experiência repleto de força e sabedoria. Sem levar em conta o meu conhecimento acumulado, ele me superou com uma mente mais aberta: menos regras, menos limites, menos presunção de saber coisas que não podem ser conhecidas. Eu não era a guru neste relacionamento, era ele. Achei que ele poderia ser abençoado por alguém com mais sabedoria, mas no fundo fui eu a abençoada por alguém que sabia menos do que eu. As pessoas se ajustam pelos presentes que trazem umas às outras. E, algumas vezes, são aqueles que nos ensinam a não racionalizar sobre as coisas que se tornam mais importantes. O conhecimento tem muitas dimensões. "Um Curso em Milagres" afirma que o amor restaura a razão, e não o inverso.

Um dos mais importantes valores de uma ligação com uma pessoa mais jovem é que somos lembrados que ainda não estamos mortos. Eles trazem a energia do sol, depois que muito nevoeiro e chuva nos fizeram pensar que a claridade nunca voltaria. Eles trazem o sol porque ainda são o sol. Como não experimentaram o entardecer, eles não desencadeiam a dor que você sente sobre o que aconteceu em seu próprio passado.

Um relacionamento pode não durar a vida inteira, mas isso não significa que não seja uma ótima experiência. A Santidade de uma conexão é determinada pelo respeito e a honra que demonstramos. As pessoas são atraídas por aquelas com quem podem aprender, e a intimidade é um profundo aprendizado. Um profundo aprendizado pode ser representado por décadas de convivência, assim como três dias em Paris, onde tudo o que você faz é comer e dormir e fazer amor e rezar e conversar sobre tudo o que aconteceu com vocês. A única coisa que pode estragar as coisas, neste caso, é quando um dos dois não sabe apreciar que o que houve em Paris foi importante, mas terminou ali. Torna-se necessário um alto grau de espiritualidade e de evolução emocional para ter um profundo relacionamento com alguém cuja conexão é mais bem mantida quando limitada no tempo. Não estou justificando o sexo casual; o sexo, neste caso, pode ser tudo, menos casual. Não se trata de alguma coisa como: "O que aconteceu em Las Vegas fica em Las Vegas". Trata-se mais de "O que aconteceu em Paris permanece em nosso coração para nos abençoar para sempre". E, se aconteceu em Las Vegas, não tem problema também.

EXISTEM MUITAS MANSÕES NOS DOMÍNIOS DO AMOR. A troca é maravilhosamente única com alguém que conhece a letra das mesmas músicas que você. Lembro-me daquele que caminhou comigo quando a estrada era suave e quando estava pedregosa; quando foi legal me conhecer e quando foi melhor me acalmar; quando eu estava rindo como uma tola e quando estava chorando como uma criança. Ele foi o único que realmente me viu. Este é o principal valor, eu acho, dos relacionamentos que se deslocam pelos anos sem se dissolver. Alguém foi testemunha de sua vida. Você não viveu no vácuo; alguém mais conhece a sua história. Ele estava tão empolgado quanto você quando alguma coisa maravilhosa aconteceu, e nunca disse "Eu não disse?" quando você fez alguma coisa idiota e da qual se arrependeu mais tarde. Ele confia na narrativa da sua vida. Ele viu você crescer com suas perdas e vitórias.

A chave para os relacionamentos de longo prazo é deixar que a pessoa seja diferente hoje do que foi ontem. Acho que uma das principais razões dos divórcios é que os casais nem sempre criam um espaço emocional entre eles que permita uma mudança constante e contínua. Quando as pessoas dizem que "se tornaram distantes", é muitas vezes um sinal de que, quando se casaram, seu contrato emocional não incluía a seguinte cláusula: "Vou deixá-lo crescer e você vai permitir que eu também cresça. Aprenderemos um com o outro e cresceremos juntos".

Tudo o que precisamos na maturidade é desprender a nossa pele e deixar que uma nova renasça. Nossa alma anseia por uma chance de expandir. A tragédia entre os parceiros é quando eles não se conhecem o suficiente para honrar essa necessidade, reconhecendo uma chance para reavivar o relacionamento.

Conheci um homem que deixou a sua esposa porque achava que não conseguia ser ele mesmo no casamento. Ele sentia como se a esposa absorvesse todo o oxigênio. E concluiu que, ao deixá-la, poderia entrar num tipo de iniciação masculina e assim, só assim, ele se tornaria o homem que queria ser.

Mas eu senti, ao observá-lo, que talvez a verdadeira iniciação em sua masculinidade acontecesse se, dentro do contexto do casamento, ele tomasse consciência de seu poder ao simplesmente dizer à esposa o que o incomodava. Um verdadeiro homem impõe seus limites. Um verdadeiro homem exige seu próprio espaço psíquico. O verdadeiro homem não permite que uma mulher o domine ou o controle. Mas o verdadeiro homem reclama tudo isso para si próprio; ele não vai embora às escondidas e clama que deixou o seu casamento no pressuposto de buscar algum poder masculino.

Algumas vezes os casamentos simplesmente terminam – todas as oportunidades de aprendizado já ocorreram e já é hora de partir –, mas algumas vezes as pessoas saem porque seu cônjuge não está proporcionando a elas aquilo que só elas mesmas podem fornecer. O fato de um relacionamento lembrá-lo de que você não é forte internamente o suficiente não é uma coisa ruim. Um dos valores dos relacionamentos é que ele está mostrando você a você mesmo. Deslocar-se para outra situação, onde você ficará preso num mesmo padrão, podendo fingir que aquilo não está acontecendo, nunca trouxe clareza ou força, pelo menos até onde eu sei. Consegui muitas coisas em minha vida quando me transformei, e quando isso era o chamado de minha alma. Mas também ganhei muita coisa ao permanecer na batalha, quando minha alma deixou claro que era ali que eu deveria ficar por enquanto... Que o verdadeiro problema não estava nele, mas em você. E é incrível, depois que você faz um movimento adiante ou realiza a mudança, a pessoa que está ao seu lado continua a ser a mesma pessoa que estava lá antes...

Certa vez, mantive um relacionamento com um homem que me dizia com freqüência: "Você é tão difícil de agradar". Essa era uma questão tão constante que se tornou um grande problema, já que eu sempre encontrava uma maneira de criar um problema onde não deveria existir. Entendi o ponto e passei a perguntar a mim mesma por que eu estava me comportando de maneira tão autodestrutiva. Pedi ajuda a Deus, tentei sair dessa e modifiquei o meu comportamento o melhor que pude. Um dia, meses mais tarde, pedi a meu amigo outro café, meio a meio com creme, e ele respondeu rindo: "É tão difícil agradar você". Eu tinha conseguido. Eu havia mudado; e ele, o homem que eu gostava, ainda estava lá.

*Deus,*
*Entrego ao Senhor*
*Os meus relacionamentos.*
*Por favor, purifique meus pensamentos sobre eles,*
*Para que apenas o Amor permaneça.*
*E nesta, e em todas as outras coisas, caro Deus,*
*Que seu desejo seja feito.*
*Amém.*

# Abraham, Martin e John[20]

Depois do ataque de 11 de Setembro ao World Trade Center, todos aqueles que precisavam crescer e ainda não o tinham feito sentiram-se obrigados a fazê-lo. A prolongada pós-adolescência de pelo menos uma geração havia terminado. Naquele dia, a música morreu.

E agora, o que faremos? Todos que conheço estão à espera de que o mundo se modifique.

É inacreditável quão profundamente caímos. Nos anos 1960, ouvíamos Bob Kennedy e Martin Luther King articularem uma visão dos EUA e do mundo resgatados ao seu ápice. Criávamos músicas que eram a trilha sonora perfeita daqueles sonhos, cantando "All you need is Love" em comícios políticos. É verdade que muitos de nós estávamos "altos" naquela época – mas não estamos desse jeito atualmente e isso significa alguma coisa. Pode ter levado quarenta anos, mas finalmente amadurecemos ao ponto de poder manifestar aqueles sonhos que abraçamos há tempos.

Por que levamos tanto tempo? Quarenta anos? O que nos deteve?

Mais do que qualquer outra coisa, acho que o que nos deteve foram os homicídios. As vozes de Bob Kennedy e Luther King, juntamente com os quatro estudantes da Kent University, foram silenciadas violentamente bem diante de nossos olhos. Aquelas balas não foram só para eles; fisicamente, foram para todos nós. A mensagem não

20 - Título de uma canção de 1968, um tributo à memória dos ícones das mudanças sociais: Abraham Lincoln, Martin Luther King e os irmãos Kennedy, John e Bob. Foi gravada por muitos artistas famosos, mas se tornou popular na gravação da comediante Moms Mabley. Esta versão foi trilha da novela brasileira *Beto Rockfeller* de 1969. (N. do T.).

pronunciada daqueles assassinatos não poderia ser manifestada de forma tão gritante e veemente. Não haveria mais protestos. Tínhamos que ir para a casa naquele momento. Poderíamos fazer o que quiséssemos em particular, mas devíamos deixar as áreas públicas para quem quisesse correr o risco de ser morto com o objetivo de controlar aquilo.

Partimos em silêncio. Uma geração tão talentosa e privilegiada, como nenhuma outra antes, entornou a maioria de nossas dádivas em suas preocupações privadas – em sua maioria, coisas irrelevantes –, deixando a esfera das preocupações políticas para outros. E, durante décadas, isso pareceu funcionar. Os EUA podem ser comparados a uma casa, na qual alguns correm para o segundo andar (arte, espiritualidade, carreira, diversão) e deixam o primeiro andar (política tradicional) para aquelas pessoas menos inspiradas. Nós nos enganamos, achando que isso era um arranjo muito bom, até que alguns que estavam na varanda começaram a sentir o odor inconfundível de um incêndio.

Será que alguém já não deveria gritar "fogo"?

Em termos coletivos, o nosso roteiro voltou às nossas mãos para ser reescrito. Temos uma nova chance de escrever o final. Na primeira vez, nós nos permitimos ser silenciados. Resta saber se seremos silenciados novamente.

*Deus,*
*Neste momento de perigo global,*
*Permita que eu seja um condutor de seus milagres.*
*Cure-me para que eu possa*
*Curar os outros*
*E ajude-me a levar adiante*
*Um mundo mais bonito.*
*Amém.*

DURANTE O SEU SEGUNDO MANDATO, o presidente Clinton propôs uma discussão nacional sobre raças. As pessoas tentaram intensamente debater a proposta, mas a idéia logo se esvaziou. Numa perspectiva transformacional – aquela que reconhece a importância de fatores psicológicos, emocionais e espirituais, além daqueles fatores físicos – isso não foi nenhuma surpresa. Você não consegue levar adiante uma troca de idéias real sobre as raças, uma discussão autêntica e significativa, a não ser que algumas das pessoas envolvidas tenham a chance de expressar a raiva que foi alimentada ao longo de centenas de anos.

Dirigi grupos de apoio espiritual durante mais de vinte anos, e posso dizer que tenho um pouco de experiência na criação de condições para produzir um "Espaço Sagrado" que permita uma conversa mais profunda. Uma energia invulgar deve ser trazida para esses grupos, assegurando a manutenção da segurança emocional e o bem-estar dos participantes. Essa mesma energia costuma ser sentida durante sessões de terapia ou ritos religiosos. É uma vibração bastante diferente daquela que ocorre durante uma conversa normal, ela é decorrente de um conjunto diferente de ondas cerebrais.

Quando Maria procurava por seu filho Jesus, ela o encontrou no templo. E havia uma razão para isso.

Nenhuma alma encontra outra alma se não for num espaço sagrado. Dentro desse espaço, tudo é revelado – uma comunicação total é transmitida e recebida e os milagres ocorrem naturalmente. Enquanto não encontrarmos um diálogo mais profundo dentro de nós mesmos e nos outros, não poderá haver nenhum tipo de descoberta com relação aos nossos problemas mais urgentes. O pensamento convencional não resolverá os problemas atuais. Assim como aquelas velhas fórmulas já testadas e não funcionais. O mesmo pode-se dizer sobre aquela história do interminável ataque e defesa. O que não resolverá os problemas de hoje é uma conversa superficial.

Mas... O que vai resolver os problemas atuais é uma nova consciência, da qual irão surgir novas formas de pensamento e uma nova esperança. E, assim como nós, o planeta precisa de uma nova história.

E quem seria melhor para ajudar a criar uma nova história do que aqueles de nós que estão envolvidos com a criação de uma nova história para nós mesmos? Um dos problemas da maturidade é a tentação de ser redundante, ao simplesmente fazermos as mesmas coisas que sempre fizemos, mas com menos energia. Mas o impulso do momento – pessoal e globalmente falando – é abandonar as coisas que precisam ser abandonadas, libertarmo-nos de quem costumamos ser e adotar de forma radical um novo tipo de vida. Ele está aí à nossa disposição, seja como indivíduos, seja como uma espécie. Esse novo tipo de vida está ativo em nossa imaginação e nós podemos invocá-lo se assim o desejarmos. Cada um de nós está codificado a desempenhar um papel, da forma mais eficaz possível, para mudar o mundo, caso estejamos dispostos a nos transformarmos.

Certa vez, vivi um momento fascinante numa festa em particular, quando assisti ao produtor musical Babyface dedilhar um violão e cantar a sua música "Change The World", enquanto o ex-prefeito de Atlanta, Embaixador da ONU e legendário defensor dos direitos civis, Andrew Young, sentado a poucos metros, ouvia a música absorto em seus pensamentos. O momento se apresentou assim para mim: um homem cantando sobre como gostaria de mudar o mundo, enquanto outro relembrava quanto ele havia tentado fazer isso. No entanto, ambos receberam suas inspirações de uma mesma fonte interna, a partir da qual todos nós deveríamos agora retirar nossa inspiração e esperança.

Uma visão real não se inspira no passado ou naquilo que vislumbramos no futuro; ela resulta daquilo que vemos dentro de nós. A alma é o único repositório seguro para os nossos sonhos de um mundo renascido. É a alma que vai nos dirigir, não importa com que idade, para o papel que melhor possamos desempenhar no realinhamento da Terra com a Consciência Superior em direção à Bem-Aventurança. Nós temos, através de um sistema de guia interno criado por Deus, todas as instruções que precisamos para ajudar a criar um novo mundo. Tanto o nosso Eu Eterno, quanto o nosso Eu Temporal, estão perfeitamente programados para fazer o que precisa ser feito.

E isso precisa ser feito agora.

*Deus,*
*Por favor, me prepare,*
*De coração e alma,*
*Para trazer Luz*
*Nestes tempos obscurecidos.*
*Amém.*

A HISTÓRIA SE MOVE COM UMA DESCOBERTA A CADA VEZ. Desde que os judeus adotaram um Deus monoteísta até as visões de perdão de Buda; desde os ensinamentos de Jesus de que Deus é Amor até a insistência de Luther King de que podemos conversar diretamente com Ele; desde que os gênios criativos individuais foram estimulados pela Renascença Italiana à maturidade filosófica do Iluminismo Europeu; desde o gênio experimental americano até a invenção da Física Quântica – a marcha dos exércitos é menor, criativamente falando, se comparada à marcha das idéias. E essa é a função do tempo, tanto para o indivíduo como para toda a espécie: nossa compreensão amadurece à medida que a vida se desenvolve e evolui.

Todo mundo dá dois passos para a frente e um passo para trás, às vezes, mas existe um impulso evolutivo dentro de cada coração e cada célula que nos leva adiante, apesar de todas as resistências. Nossa tarefa é conspirar conscientemente com esse impulso em plena parceria com a força do Amor no centro de todas as coisas, entrelaçada com sua divina pulsação e calor, direcionando a onda através da qual a humanidade irá se levantar, finalmente.

É SURPREENDENTE A MANEIRA COMO AS PESSOAS HOJE não dão importância sobre como o planeta poderá sobreviver pelos próximos cinqüenta anos. Independentemente das condições atmosféricas ou aventuras militares, há muitas maneiras pelas quais ele pode ser destruído.

Isso é a pura verdade, racionalmente falando. Mas o poder espiritual não é racional. Isso não quer dizer que ele seja irracional; ele apenas tem uma forma de inteligência diferente da nossa. O poder espiritual brota de um Campo Quântico que não é limitado por circunstâncias terrenas. As catastróficas possibilidades que ameaçam o nosso mundo refletem a maneira como temos agido até agora, e continuarão assim enquanto agirmos da mesma maneira. Qualquer possibilidade de uma mudança milagrosa nos assuntos mundiais reflete a possibilidade de qualquer mudança milagrosa em nós mesmos.

É apenas a transformação espiritual, e não a manipulação humana, o único nível com profundidade suficiente para alterar a atual trajetória perigosa da história humana.

Não podemos simplesmente "corrigir" o nosso caminho para mudar as coisas que estão acontecendo. Precisamos de um milagre, que só existirá se nos tornarmos Obreiros de Milagres.

Os milagres ocorrem naturalmente na presença do Amor. Em nosso estado natural, somos esses obreiros de milagres porque somos a manifestação real do Amor. Falar sobre uma transformação pessoal, uma viagem desde o medo até o amor, não é necessariamente um exercício narcisista. Não se trata de um pensamento vago ou de um modismo da Nova Era. É o mais importante componente de nosso trabalho de recriação da sociedade humana e que vai afetar o curso da história.

O problema com o mundo é que nós fomos separados de nossa natureza original. Separados de nós mesmos, nos tornamos adictos. Separados dos outros, passamos a maltratá-los. E, separados da Terra, nos tornamos seus destruidores. E essa incisão – a separação de nossa Unicidade Divina – não é uma metáfora. Não é um símbolo. É uma insidiosa, literal e degradante doença progressiva do espírito humano. É vigorosa. Além disso, ela tem a seu comando o mesmo nível de sofisticação mental que possuem as melhores partes de nós. É o nosso lado obscuro, e ignorar a sua força será ingenuidade.

Eu dei uma palestra certa vez na qual mencionei a palavra Mal. Uma mulher ao fundo então se levantou e disse: "Eu não acredito no Mal. Onde alguns vêem o Mal, eu vejo dor e sofrimento". Respondi que a dor à qual ela se referia é muitas vezes a causa do Mal. Mas eu não compreendo que reconhecer a causa negue o seu efeito.

A caça às bruxas não era o Mal? O genocídio não é o Mal? As crianças com a garganta cortada, ou sendo vendidas como escravas sexuais ou que tenham seus membros cortados, nada disso é o Mal? Onde obtivemos essa noção de que minimizar o Mal seria algo "espiritual"?

Como estudante de "Um Curso em Milagres", certamente compreendo que na realidade tudo o que existe é Amor. Mas o planeta onde vivemos não é a realidade definitiva. É uma ilusão de massa, tão poderosa em seus efeitos que se tornou verdade. E aqui, nesta ilusão coletiva, aquilo que não é Amor ainda mantém a sua influência. O ego, de acordo com "Um Curso em Milagres", é, no melhor aspecto, cheio de suspeitas e dúvidas e, no pior aspecto, corrupto e malicioso.

A mente orientada para os milagres não é tão ingênua quando as coisas se referem às trevas; não ficamos andando por aí carregando latas de tinta cor-de-rosa e pintando as coisas para fingir que tudo está bem. Não podemos invocar o amanhecer se negarmos que existiu a noite. Para qual finalidade a escuridão poderia ser melhor senão para permitir que as pessoas reconheçam sua natureza dissimulada e traiçoeira? Uma pessoa que leva a vida seriamente não despreza o sofrimento do mundo; é alguém com uma personalidade forte que entende que o significado de sua vida é comprometer-se a curá-lo.

De certa forma, foi isso que nossa geração teve que aprender. Vivendo numa parte do mundo onde tínhamos tudo tão fácil, talvez tenhamos manifestado, no subconsciente, os nossos próprios infernos particulares para nos certificar de que iríamos despertar para o inferno de tantas pessoas em outros lugares. Talvez precisássemos de uma ponte de onde cair, para podermos tentar imaginar o que se sente quando a sua cidade, seu país, seus hospitais, mercados, escolas e crianças são bombardeados todos os dias.

Quem sabe um dia venhamos coletivamente para a privacidade de nosso próprio coração, chorando em horror, "Meu Deus, o que nós fizemos?"

Então, em um momento de verdadeira aflição pela forma irresponsável como nos comportamos, venhamos a nos resgatar como uma nação e uma civilização, da mesma forma que tantos de nós nos resgatamos como indivíduos. Iremos reconhecer quanto estávamos errados, entregaremos a nossa alma a Deus, orando fervorosamente por uma nova oportunidade.

*Deus,*
*Por favor, nos perdoe,*
*Pela Terra machucada,*
*Pelo sofrimento desnecessário*
*Que aflige o seu povo hoje.*
*Interceda em nosso nome*
*E repare os danos que fizemos.*
*Substitua o nosso medo pela esperança,*
*E transforme todo o ódio em Amor.*
*Amém.*

DESCARTES DISSE "PENSO, LOGO EXISTO." A forma como vejo isso é assim: estou conectado a Deus portanto Eu Sou, eu existo. Sem a minha fé acredito que eu não seria nada a não ser um conjunto de pensamentos e sentimentos sem qualquer significado ou finalidade. Isso não quer dizer que eu seja nada sem a minha religião – embora acredite que seria menor. O que pretendo dizer é que a minha segurança emocional se origina da crença de que não estou sozinha no Universo, e sou amparada por aquilo que Martin Luther King chamava de "companheirismo cósmico". Não consigo imaginar como este mundo deve ser frio – especialmente nos dias de hoje – para aqueles que não tenham um contexto mais amplo de sua existência humana. Não sei como as pessoas conseguem se situar sem uma perspectiva espiritual.

De vez em quando, as pessoas me perguntam o que eu teria feito da minha vida se não tivesse encontrado "Um Curso em Milagres". Costumo responder mencionando Edina na comédia da TV Britânica *Absolutely Fabulous*. Se você não teve a oportunidade de assistir, acredite-me, não é algo bonito de se ver. Como aquele personagem, algumas pessoas se encontram presas na vida, andando em círculos porque não conseguem encontrar a porta para outros domínios e outras opções. Tenho certeza de que a maioria de nós pode se reconhecer nesse personagem, num ponto ou outro. A única coisa que sei é que a saída para mim foi uma porta que eu não conseguia abrir sozinha.

Na faculdade, tive algumas aulas nas quais devia ler sobre o estado filosófico de *ennui*, que reflete um sentimento de isolamento no Universo e um desespero existencial. Mas, naquele ponto da minha vida, não conseguia entender inteiramente este significado. Só com o passar dos anos, à medida que caíam todas as camadas de ilusões mundanas, é que pude compreender essa constante realidade supranatural. A menos que você tenha contato com um poder maior, você não poderá fazê-lo.

E, uma vez que você tenha ficado velho o suficiente, você não estará mais tão orgulhoso e pedirá ajuda.

Eu me divirto quando ouço alguém dizer que a fé é apenas uma muleta. Eu acho que se a sua perna está quebrada então realmente irá precisar de uma muleta. E só vai usá-la até que a perna fique boa. Confiar em Deus não significa que você está confiando em alguma coisa externa. Significa, sim, que você estará confiando na Verdade de Todas as Coisas, num Poder maior cujo trono não está lá fora, mas dentro de seu coração. Você estará se baseando no Poder da Compaixão e do Não-Julgamento. Estará contando com as leis objetivas e discerníveis do Universo; a fé de que o Amor produz milagres não é diferente da crença de que a gravidade faz as coisas caírem.

Se eu tiver que escolher entre acreditar no Divino Criador ou nos falsos poderes de um mundo confuso, então eu escolherei o primeiro. Às vezes, quando eu acordo pela manhã, posso sentir minha alma se aproximar de Deus e minha mente proferindo frases como "Tudo o que eu desejo é a paz de Deus" antes mesmo de pegar minhas anotações sobre "Um Curso em Milagres". Não sou nem um pouco parecida com uma versão contemporânea de Santa Teresa – estou apenas exausta de uma vida em que se procura apenas ser tudo e querer tudo, onde esse "tudo" começa em mim e termina em mim novamente. A minha alma foi atirada tantas vezes contra as falésias e só muito depois percebi que eu era o vento. Quem mais, senão Deus, seria capaz de afastar a tempestade de minha alma? E eu tenho a sensação – confirmada depois de alguns períodos de calma – de que alcançar esse estado não é apenas útil para mim, mas também para Deus. Pelo menos, é para isso que eu rezo.

CADA PROBLEMA É UM DESAFIO PARA QUE nos tornemos uma pessoa melhor. Imagine, então, quanto estamos sendo desafiados a nos transformar para que modifiquemos a história desta vez. Imagine que salto quântico transicional será necessário para nos elevar do nível de consciência no qual criamos nossos problemas para o nível de consciência mais elevado, no qual estaremos aptos a resolvê-los milagrosamente. Quem será que estamos destinados a ser para que, em nossa presença, a densa forma-pensamento de ódio simplesmente desapareça?

É isso que torna tão emocionante esse momento. Dado que Deus tem uma resposta para cada problema que surgir, então existe em Sua Mente um plano absoluto para a nossa salvação, já gravado como um selo em nosso coração. De acordo com esse plano, estaremos coletiva e individualmente redimidos e colocados em um novo caminho de evolução. Todas as antigas noções irão morrer e a raça humana irá se lembrar de que fomos concebidos no Amor; estamos aqui para amar; e, de uma forma ou de outra, iremos nos lembrar de amar.

Uma das coisas mais importantes que qualquer um de nós pode fazer para ajudar o mundo é orar e meditar consistentemente. A oração, de acordo com "Um Curso em Milagres", é o conduíte dos milagres. Somente a oração e a meditação consistentes nos modificam e também ao mundo inteiro, através de nós.

A primeira razão para orarmos e meditarmos é para lidar com as trevas do mundo, reforçando a nossa resistência contra o caos galopante e a negatividade. Neste momento histórico de transição, muitas pessoas estão vivendo com traços de pânico que elas nem percebem. Todos devem se proteger com um escudo de Luz, que será fornecido pela oração e pela meditação.

Curiosamente, porém, nós não oramos e meditamos apenas para lidar com as trevas, mas também com a luz. Nosso sistema nervoso está sendo bombardeado por forças de luz sendo canalizadas em nós em resposta às nossas orações, mas se um sistema nervoso estiver despreparado para tal investida, poderá ficar sobrecarregado. A oração incita as coisas boas. A oração o prepara. Você precisa estar preparado psicologicamente e emocionalmente para receber os milagres. A oração fará com que você seja bem-sucedido para invocar os milagres. Porém, é preciso estar preparado. Sem preparo, os milagres irão surgir e talvez você nem esteja hábil o suficiente para recolhê-los e lidar com eles. Ou mesmo ser grato a eles. A oração vai mantê-lo preparado para reconhecer os milagres quando eles surgirem.

Como disse Luther King: "É preciso uma mudança qualitativa em nossa alma, assim como uma alteração quantitativa em nossas vidas". Muitas pessoas dizem que estamos sendo chamados pelos ditames da sustentabilidade a viver uma vida com menos recursos materiais, e talvez seja verdade. Mas, do ponto de vista espiritual, estamos sendo chamados a viver vidas maiores, para as quais nossa resistência é ainda muito forte.

Certa vez, eu ouvi o autor Stedman Graham sugerir que mesmo aqueles mais completos entre nós ainda não estão vivendo 100% de suas vidas. Seu comentário permaneceu comigo. Eu gostaria de saber onde estão os outros 20%, se estamos vivendo apenas 80%. Será que existe em algum lugar a pura potencialidade à nossa espera quando estivermos prontos para torná-la evidente? Será que ela foi colocada em segurança em algum canto da mente de Deus? E se abrirmos agora as comportas de nosso pleno potencial, será que poderemos recuperar as possibilidades que não conseguimos obter ao longo dos últimos trinta anos?

Quando não evoluímos em certas áreas, vivenciamos uma espécie de "linha plana", enquanto aqueles ao nosso redor sobem gradualmente, como em uma linha diagonal de um gráfico. No entanto, uma vez que despertemos a consciência sobre o arco natural de crescimento da alma, faremos uma ascensão vertical até o lugar onde deveríamos estar – é onde estaríamos se não nos atrasássemos. Isso acontece freqüentemente quando as pessoas ficam sóbrias; não mais do que de repente uma energia positiva jorra com força, a mesma que suprimiram durante o período de vício.

Mesmo que você não seja um viciado, você estará compartilhando de um sistema viciado apenas por viver nesta sociedade. O presidente Bush estava correto quando disse que os EUA são "viciados em petróleo" (e provavelmente em algumas outras coisas também) e esses padrões disfuncionais se espalharam como tentáculos por todos os aspectos de nossa vida. Se um pai é um alcoólatra, seus filhos carregam o peso psicológico dos problemas não resolvidos do viciado. Se alguém rouba uma eleição presidencial, os cidadãos daquele país carregam o peso da culpa secreta. Se uma nação invade outro país para controlar o seu petróleo, seus cidadãos passam a suportar o carma coletivo e a culpa resultante de serem cúmplices involuntários do que hoje é chamado eufemisticamente de "mudança de regime" – mas que antigamente era chamado de "saque e pilhagem". Essas e muitas outras forças vêm brincando com a nossa psique, suprimindo o aparecimento do que temos de melhor. Não admira que tantos de nós tenham ficado deprimidos, estes tempos são muito, muito sérios... São tempos momentosos....

Já é hora de ficarmos emocional e psicologicamente sóbrios... Precisamos despertar da letargia dos últimos anos. Vamos reivindicar aquele percentual não manifesto de nosso potencial e vamos chegar aos nossos 100%. A corrida começou. Vamos rezar e seguir adiante.

O NOSSO PROBLEMA É QUE NÃO ACHAMOS O AMOR UMA COISA IMPORTANTE; nosso problema é que não achamos que ele seja a coisa mais importante. Há muitas e muitas distrações por aí.

Mas algo acontece quando você já viveu o suficiente. Crianças sofrendo sem necessidade... Garotos indo para a guerra... Pessoas morrendo de fome num mundo de abundância – as coisas menos importantes empalidecem quando comparadas a isso. Vai chegar um dia, quando você for assistir ao noticiário, dirá, que diabos estamos fazendo aqui?

É horrível ponderar sobre isso, mas os terroristas sabem o que estão fazendo. Eu não consigo imaginar um terrorista que aja casualmente. Os terroristas têm uma ordem do dia, e eles farão o que for preciso para cumpri-la. No entanto, o nosso maior problema aqui não são aquelas relativamente poucas pessoas que odeiam com convicção; é que não existem muitos de nós que amem com convicção.

Cada um de nossos pensamentos de amor nos faz participar na criação de um Campo Unificado de Possibilidades exponencialmente maiores para todos. Quando uma borboleta bate as suas asas na ponta da América do Sul, afeta os padrões dos ventos perto do Pólo Norte. E o mesmo é válido nos domínios da consciência: cada milagre que você trabalhar em sua vida será uma bênção sobre a própria vida.

Os *Amish*[21], há dois anos, mostraram-nos o que é o amor. Se o mundo ainda sobrevive, eu lhes dou o crédi-

21 - *Amish* é um grupo religioso cristão presente principalmente nos EUA e Canadá. Conhecido por seus costumes conservadores – não prestam serviços militares, não aceitam qualquer assistência do governo e evitam o uso de equipamentos eletrônicos, telefones e automóveis –, são também pacifistas, pois acreditam que o cristianismo e a violência são incompatíveis. (N. do T.)

to. Quando algumas de suas meninas foram seqüestradas e mortas por um pistoleiro enlouquecido, eles o perdoaram. Deixem-me repetir: eles o perdoaram. Naquele dia todo o país soube, sem sombra de dúvida, que estávamos na presença de um sentimento real. Comentaristas e apresentadores de telejornais, que normalmente não são autênticos e humildes com ninguém, tornaram-se humildes e sinceros ao relatar essa história.

De acordo com "Um Curso em Milagres", todas as mentes estão emaranhadas. Todas aquelas que foram informadas sobre a reação dos *Amish* quanto à sua enorme tragédia foram transformadas. A extraordinária demonstração dos *Amish* abençoou a todos nós. Nossa alma foi tocada não só pela sua dor, mas pela sua espiritualidade também. Ao se apegarem à Luz, eles transcenderam a Escuridão... E não apenas para si próprios. A verdadeira crucificação de Cristo trouxe uma verdadeira ressurreição. E tanto no caso de Jesus como no de seus discípulos, os *Amish*, muitos milhões foram ajudados.

O Amor está para o Medo assim como a Luz está para a Escuridão; na presença de um o outro desaparece. Quando muitos de nós nos apoiarmos na Luz para o verdadeiro Amor – não um amor simplista, mas o poderoso e extraordinário Amor de Deus – então todas as guerras vão acabar. Mas enquanto não aprendermos a amar como Deus, criando uma força santificada para purificar a Terra e dissolver o Mal, continuaremos a nossa marcha em direção a uma catástrofe planetária. O Amor é a resposta. E observe como esse pensamento é aterrador para o ego. Achamos que a noção de que o Amor é a nossa salvação é mais assustadora do que a guerra. Nós resistimos a isso mais do que a um desastre nuclear. E qual a razão? Porque o amor de que falo é aquele que iria transcender o ego, e o mundo em que vivemos é o deleite do ego. O ego sabe que será destruído se aceitarmos o amor. Mas só temos duas escolhas: ou o ego sobrevive, ou nós sobrevivemos.

NEM TODOS TÊM DINHEIRO OU PODER, mas todos têm a mesma capacidade de pensar, de planejar e rezar com convicção. O Amor é um recurso espiritual renovável. Nós não teríamos que nos preocupar tanto com o mundo se tivéssemos um acordo universal entre nós.

Não importa quem somos nós, somos obrigados a fazer coisas para cumprir o chamado de nossa alma. Mas essa convocação não é uma revelação a ser escrita em grandes letras no céu. Pelo contrário, é um desafio para que nos tornemos pessoas capazes a qualquer momento. Nunca sabemos aonde irá nos levar um encontro ou uma conversa, a menos que nos mostremos da melhor forma possível. O Universo de Deus é em si uma grande intenção amorosa, e quando você alinhar suas próprias intenções com as Dele, colocará em prática uma espécie de vento forte soprando em suas costas.

O ódio e o medo não têm esse apoio cósmico; eles podem ter poder, mas não o poder espiritual. E eles ficam espiritualmente impotentes quando confrontados por um verdadeiro Amor. Há notícias terríveis hoje em dia, mas por mais escuridão que haja lá fora, há mais Amor aqui dentro. Talvez seja essa a razão da existência de grandes problemas no mundo: eles nos desafiam a buscar profundamente quem somos e como escolheremos viver de forma diferente. Martin Luther King disse que é hora de injetar um novo tipo de amor nas veias da civilização. É esse o Amor que está aumentando hoje. É uma nova forma de pensamento, uma grande virada no coração.

Seja em qualquer área do conhecimento – medicina, educação, artes, política, mídia –, existem pessoas manifestando novos e mais iluminados modos de ser e de comportamento. E cada um de nós pode se alinhar a uma idéia melhor. Quer se trate de algo tão simples como usar outro tipo de lâmpada em resposta ao aquecimento global, ajudar a reconstruir uma escola do bairro ou entrar em um grupo de meditação, podemos participar de uma nova onda criativa. Quando nos dedicarmos conscientemente à criação de um planeta mais amoroso, então aquilo que não for Amor cairá por causa de seu próprio peso morto.

E, quando tudo isso acontecer, o mundo irá mudar num piscar de olhos.

*Deus,*
*Coloco o mundo em Suas mãos.*
*Por favor, me use*
*Para fazer as coisas direito.*
*Amém.*

# NÓS SOMOS O MUNDO[22]

Quando ficamos mais velhos, nosso corpo e nosso espírito precisam de mais tempo para descansar, mais reflexão, mais imersão na magia de "ser". Isso não significa que estamos nos retraindo do mundo enquanto nos movimentamos para uma experiência mais profunda. Porque o mundo é muito maior do que aquilo que vemos com nossos olhos. Parte do valor do processo de envelhecimento é que ele nos oferece naturalmente certos domínios nos quais não estamos tão presos às realidades do mundo material. Na verdade, não estamos perdendo nada, estamos é encontrando! Eu acho absolutamente libertador ter esquecido algumas coisas; eu agradeço a Deus por tê-las esquecido! Não estou aqui minimizando monstros assustadores como o medo da doença de Alzheimer. Quero apenas colocar algumas de nossas mudanças em perspectiva.

Não consigo pensar mais tão rapidamente como eu costumava fazer. Também não falo nem me movimento com tanta agilidade, mas me parece que eu reflito mais profundamente. Entendo melhor as coisas ao meu redor.

ACORDEI CERTA NOITE PARA UMA EPIFANIA que brilhava como neon: a chave para a salvação humana reside em vivermos um para o outro. Eu sei, eu sei. E como eu sei. Mas no momento em que ela veio a mim, parecia algo grande e profundo.

É obvio que todos já ouvimos esse conceito, mas será que não estamos impedidos de realizá-lo pelo significado

---

22 - "We are the world" – canção gravada pelos maiores nomes da música americana, em 1985, para angariar recursos em benefício das vítimas da fome na África. O LP e o clipe renderam certa de 55 milhões de dólares. Entre os artistas, estavam Stevie Wonder, Michael Jackson e Tina Turner. (N. do T.)

literal da frase? Ela não significa que devemos supostamente entregar todos os nossos bens aos pobres? E como é que isso funciona em termos de nossas responsabilidades mundanas? Será que não devíamos primeiro providenciar uma casa para nossos filhos? Não devemos cuidar deles? E o que tem de mal desfrutar de coisas boas?

Em "Um Curso em Milagres", está dito que, para termos alguma coisa, devemos dar tudo para todos. Mas, quando olhamos para o mundo material, podemos pensar: "Bem, certamente não pode significar exatamente isso..."

A frase que eu ouvi naquela noite em minha mente não era parecida com "Distribua tudo o que você possui". Era: "Viva para os outros". Eu gostaria de saber como seria o mundo se agíssemos assim.

Estivemos tão minuciosamente programados para sempre procurar pelo Número Um como se o "eu" fosse mais importante do que o "nós". Porém, a mudança em se viver para nós mesmos e vivermos para os outros é claramente o imperativo chamado espiritual da humanidade.

Mas, então, o que fazer sobre os limites saudáveis que todos devemos estabelecer? Quer dizer então que viver para os outros significa que darei tudo para eles – meu tempo, minha energia, o meu dinheiro, o meu coração? Eu tentei fazer isso... Ser a referência do auto-sacrifício... Nunca tinha tempo para mim, sentindo-me mal quando queria cuidar de mim, sempre correndo para tentar agradar aos outros. E isso me levou a lugar nenhum. Deixou-me irritada, ressentida, vulnerável aos ladrões e me sentindo muito mais presa em meu caminho espiritual. Sentindo-me arruinada boa parte do tempo, eu não conseguia mostrar o meu melhor para ninguém.

Aqueles tais limites saudáveis são amorosos; eles demonstram respeito tanto pela pessoa que os delimitou como pela pessoa que os honrou. Eu acho que é melhor procurar uma vida equilibrada, em paz com nós mesmos e com nossos entes queridos. Depois de fazer isso, dirigimos nossa atenção ao mundo porque poderemos contribuir com muito mais.

Como está escrito em "Um Curso em Milagres", sacrifício não tem lugar no Universo. Cuidar de nós mesmos de forma virtuosa é um trabalho significativo dentro de uma tarefa maior, porque não poderemos dar aquilo que não somos. A partir daquele lugar de paz e a partir do comportamento moderado que produz, virá mais do que dinheiro, tempo e energia suficientes para oferecer ao mundo. Ajudar aos outros é um trabalho muito sério, mas a co-dependência é ainda mais perigosa.

Então, como podemos viver para os outros? A minha melhor resposta é que ajudar aos outros é uma maneira de ser. Isso significa, por exemplo, que eu posso demonstrar ao carregador do hotel quanto apreciei ele ter carregado minhas malas. Uma gorjeta é sempre bem-vinda, mas entregue essa gorjeta com uma atitude que honre aquilo que ele fez. As duas coisas são importantes. Isso significará que, em qualquer momento e como parte da minha prática espiritual, posso fazer o que puder para demonstrar amor e respeito pela pessoa em minha frente ou ao telefone; enfim, seja onde for.

Muitos de nós mantêm contato com outras pessoas todos os dias, muito mais do que podem perceber e, a cada encontro, existe a chance de um milagre. Lá está a pessoa no caixa quando você compra o café. Ou a pessoa ao telefone quando você liga para a lavanderia. Ou a pessoa que lava os vidros de seu prédio. Pode não parecer muito, apenas uma pequena gota de compaixão adicionada ao

Universo quando você se mostra mais gentil, mas o ponto não é o que você fez para o Universo. O ponto é o que Ele fez para você – ele modifica você –, e é assim que seu mundo se transforma.

A elevação em seu posicionamento espiritual é determinada por uma mudança de propósito. Tudo o que fizermos para honrar apenas a nós mesmos é um beco sem saída. Não há uma bênção cósmica apoiando esta atitude. Mas tudo o que fizermos pensando nas outras pessoas – mesmo que isso envolva cuidar de nós para que estejamos mais preparados para auxiliar os outros depois – leva a bênção do Universo amoroso.

Considere um período de férias, por exemplo. Você ficará melhor, em termos de corpo e mente, se der um descanso a eles de vez em quando. Um período de descanso aumenta as ligações saudáveis entre parceiros, amigos e família. O princípio de ajudar aos outros não exige que se evitem oportunidades agradáveis; as pessoas felizes são muito mais produtivas. Quanto mais você cuidar do mundo à sua volta, o Universo estará mais susceptível a providenciar o restante que alimenta a sua alma e o mantém seguindo em frente.

Há tempo para se divertir e há tempo para o trabalho. A relação entre os dois parece ser um padrão dentro de todos os sistemas naturais; você pode sentir em suas entranhas se está ou não em equilíbrio. Quando a sua vida é composta apenas de diversão e nenhum trabalho, você se sente de certa maneira impuro. E, quando a sua vida é apenas trabalho, você está desequilibrado e não será útil para ninguém. Na verdade, os problemas do mundo são tão sérios que é preciso fazer o que for necessário para iluminar as coisas de vez em quando. Uma das maneiras de saber se você está no fluxo correto das coisas será quando estiver ajudando alguém seriamente e estiver desfrutando dessa atividade. Isso vai parecer bom, porque é bom. Em nível mais profundo, as nossas necessidades são as mesmas.

UM AMIGO DE 62 ANOS contou-me que estava pensando em se aposentar.

"Não vejo você aposentado", disse a ele. "Acho que você está a ponto de descobrir o que veio fazer aqui."

Tenho visto, nos últimos anos, uma tendência interessante: a "segunda carreira" tem se tornado uma nova onda. As pessoas que passaram vinte, trinta ou quarenta anos fazendo uma coisa e, então, começam outra atividade diferente. O que era visto antes como a idade da aposentadoria pode ser visto agora, se assim a pessoa o desejar, como a fase dois de uma carreira. Em vez de pensar essa segunda carreira como um anticlímax ou "como uma coisinha pra me manter ocupado", as pessoas acabam por enxergar o seu primeiro e cintilante trabalho como um prelúdio para alguma coisa mais importante. Eles entendem as realizações, que eram o ápice de seu sucesso material, como uma preparação para um sucesso ainda maior – como os meios pelos quais eles aprenderam as habilidades que necessitavam para dar a sua maior contribuição ao mundo.

A maturidade se torna um tempo em que todas as capacidades da juventude são alquimizadas na mais alta manifestação de nossos talentos: algo que será útil não só para nós mesmos, mas para todos os outros. Pode levar dez anos para se descobrir como construir um negócio e, depois, mais dez para aprender a ser o mais compassivo dos seres humanos – acrescente mais dez para tentar descobrir como ser o melhor companheiro ou pai e, por volta dos 50 ou 60 anos, estaremos prontos para viver a parte mais brilhante de nossa vida.

Alguma coisa está acontecendo, deixando claro a todos que fechar a loja não é o melhor a ser feito neste momento. Quer sejam as pessoas que odiaram seus empregos por décadas e agora estão livres para viver sua verdadeira missão; ou aquelas pessoas que adoravam as suas carreiras, mas, ainda assim, procuravam algo mais significativo na maturidade.

Um exemplo interessante do fenômeno da segunda carreira é Bob Daly, que depois de ser o CEO da Warner Bros., durante dezenove anos, decidiu demitir-se e se tornou o presidente do conselho da organização Save The Children. Depois de ter conseguido um emprego que, pelos modernos padrões americanos, seria considerado o ápice do sucesso, ele agora define "sucesso" de uma forma mais ampla.

Daly viveu o sonho americano e então adicionou alguma coisa a ele. Começou a sua carreira logo após o ensino médio, trabalhando na contabilidade da CBS pelo salário mais baixo. Progredindo a partir daí, ele viveu a carreira sonhada por toda uma geração. Adorando televisão, acabou dirigindo uma rede de TV. Amando cinema, acabou dirigindo um estúdio. Sendo fã de beisebol, comprou um time. Ainda assim, ele diz, o melhor é o que está fazendo agora.

Daly costuma dizer que nunca olhou para trás, nunca se perguntou se tomou a decisão errada ao deixar o topo do mundo corporativo. Save The Children abriu seus olhos para um mundo que ele não conhecia. Segundo ele, a maioria das pessoas nada sabe sobre o âmbito do sofrimento entre as crianças do mundo ou sobre o tamanho dos esforços humanitários para salvá-las: "Você assiste a alguns clipes na TV, mas isso não é nada. Quando estiver na sala com pessoas que estão nisso a vida toda, que decidiram depois da faculdade que o dinheiro não seria a motivação, você só pensa quanto essas pessoas são especiais".

"Consegui muito dinheiro em minha vida e estava muito feliz e satisfeito. Mas acho que esta é a coisa mais gratificante que já fiz." Ele está recebendo o que ele chama de "Rendimento Psíquico", com a satisfação de saber que está usando sua prodigiosa capacidade gerencial para ajudar a diminuir os sofrimentos das crianças no mundo.

A saída de Daly da Warner Bros. provocou um debate entre seus amigos: "Eles entenderiam se eu fosse dirigir um time de beisebol. Mas isto...? Algumas pessoas compreenderam, mas outros acharam que eu estava maluco".

Bob Daly faz parte de uma nova tendência entre os seus pares e contemporâneos. Podem ser aqueles que trabalham como voluntários ou os que doam grandes fortunas, o fato é que existe um sentimento crescente de que cada um de nós deve fazer o máximo para resolver os problemas urgentes da humanidade. Daly sente alguma coisa boa no ar: "A caridade se tornou uma coisa chique".

E isso é uma coisa boa, realmente. Uma nova onda de paixão humanitária está aumentando, como um gigante adormecido que começou a despertar e percebeu alarmado que, enquanto dormia, enormes problemas estavam se formando.

Uma pessoa com 50 anos pode trabalhar por mais vinte ou trinta anos. Nós ainda temos tempo. Este é um momento em que todos no planeta devem colocar a mão na massa. Não apenas aquelas jovens mãos, com toda a sua força física, mas também as mãos daqueles que são guiados pela sabedoria que os anos trazem. Aqueles que estão na maturidade carregam as lembranças de um tempo em que o mundo parecia mais cheio de esperança. Essa esperança está faltando agora e é nossa missão restaurá-la.

No começo de 2007, eu tive o prazer de assistir a uma festa de Ano-Novo em homenagem à abertura da Oprah

Winfrey's Leadership Academy for Girls na África do Sul. A Oprah sempre abre espaços de grandes possibilidades para milhões de outras pessoas. Eu sou uma delas. E, nessa visita à África, novas portas para o entendimento foram abertas em meu coração.

Enquanto viajávamos pelas savanas, paramos em vários lugares para descansar. Sempre vou me lembrar de como lavávamos as mãos: imagine-se sendo saudada por uma linda africana vestindo as suas roupas nativas e trazendo um cântaro de madeira e uma tigela. Você estende ligeiramente as suas mãos para que ela possa derramar sabão sobre elas; depois, ela despeja água quente e a tigela recolhe a água que cai. Lavar as mãos tornou-se então algo muito maior; tornou-se um rito sensual pleno de significado e graça. Você está recebendo muito mais do que sabão e água; está lavando muito mais do que a sujeira física. Se a mulher tivesse lavado meus pés ou eu lavado os dela, não poderia me sentir mais absolvida ou abençoada. Durante todos esses anos em que lavei as minhas mãos, eu nunca realmente soube o que estava fazendo.

Um dia, depois de um safári e de ter ouvido uma sacerdotisa nos chamar para o berço da humanidade ("O seu cordão umbilical está enterrado aqui"), fomos convidadas para uma festa espetacular em uma tenda iluminada por luz de velas. Alguém na mesa comentou sobre os antigos reis e rainhas das tribos africanas terem sido os primeiros a serem escravizados. Olhei em volta para os outros convidados, entre os quais estavam algumas das principais figuras artísticas e culturais da sociedade contemporânea afro-americana, e refleti sobre o fato de que eles eram, ao menos no sentido figurado, a reencarnação daqueles reis e rainhas voltando agora para recuperar a sua ligação com a África. Esses descendentes de escravos tinham subido a tal proeminência e glória que podiam regressar às suas terras ancestrais com um privilégio inimaginável há duzentos anos.

Quando o jantar terminou, os bailarinos surgiram e gradualmente magnetizaram os convidados; as estrelas negras de Hollywood começaram a dançar com os nativos africanos. Toda a existência passou diante de meus olhos, pois me senti participando de um momento profético. Enquanto eu assistia ao mundo moderno e ao antigo compartilhando suas moléculas, senti Deus estendendo Sua Mão como se fosse Sua Oferta final para a humanidade. Uma tarefa nos foi designada e, se for bem executada, ela transforma um potencial de redenção que irá anular as terríveis conseqüências de nosso comportamento.

Eu senti. Eu vi. Eu ouvi. Á-F-R-I-C-A. Se salvarmos o continente materno, salvaremos as suas crianças em todos os lugares.

*Deus,*
*Nestes tempos turbulentos,*
*Por favor, pavimente o caminho*
*Pelo qual o mundo*
*Poderá curar a si mesmo*
*Antes que seja tarde demais.*
*Use-me, por favor,*
*Da maneira como desejar,*
*Para que as trevas se tornem luz.*
*Amém.*

A MISÉRIA NA ÁFRICA E EM TODO O MUNDO É SURPREENDENTE: 350 milhões de crianças vão dormir com fome todas as noites. A quantidade de seres humanos desesperados neste planeta torna a situação atual insustentável. Estamos no meio de uma grande revolução, um salto quântico de uma era da História da Humanidade para outra. As coisas serão radicalmente diferentes daqui para a frente, quando entrarmos numa era de escuridão ou numa nova era de Luz.

As melhores coisas da vida são de graça, assim como as coisas mais poderosas: ler para as crianças, suavidade, bons pensamentos, orações, meditação, amor, respeito e paz.

Estas coisas custam muito: B-52, mísseis de longo alcance, tanques, canhões, navios de guerra, guerra.

Oh, Deus...

A verdade deprimente é que, se nós não acabarmos com as guerras, as guerras acabarão conosco. Nas palavras de Albert Einstein: "Eu não sei com quais armas a Terceira Grande Guerra será travada, mas a Quarta Grande Guerra será travada com paus e pedras".

Num mundo onde a quantidade de meios de destruição em massa é tão extraordinária (toda a capacidade destrutiva da Segunda Guerra Mundial é um grão de areia em comparação com a capacidade destruidora de hoje), a guerra deixou de ser sustentável, ou pelo menos a opção de sobrevivência para a raça humana. O deputado Dennis Kucinich disse: "Nós devemos desafiar a crença de que a guerra é inevitável". Essa é a tarefa moral de nossa geração – não de nossas crianças nem da geração dos filhos de nossas crianças (não há tempo para isso) –: tomar uma posição contra um mundo que se moveu para além da insanidade, onde o militarismo autodestrutivo domina as relações internacionais. Não posso acreditar que, mesmo agora, os dirigentes americanos estejam falando de guerra como se fosse um conjunto de Legos.

Na verdade, a guerra só gera vítimas. As pessoas mortas

são vítimas e as pessoas enviadas para matar são vítimas também. O estresse pós-traumático não é apenas o trauma de ter visto pessoas sendo mortas; é também o trauma de ter matado. A guerra é monstruosa e deve ser vista como tal. Se uma nação entrar em guerra sem que isso seja sua última instância, significa um sinal de que essa nação perdeu o seu coração e possivelmente a sua mente.

Essa atitude não é pacifismo por si. Estamos vivendo uma era que coloca um novo conjunto de perguntas. Outras gerações poderiam argumentar sobre a validade dessa ou daquela outra guerra; não temos o luxo desse debate. O nosso desafio moral é ultrapassar a guerra, ponto.

Alguns parecem considerar que podemos fabricar mais bombas nucleares, colocar armas no espaço, criar métodos mais perniciosos de guerra química e vender mais armas para outros países, ao som de centenas de milhares de dólares sendo registrados no banco. Essas pessoas não imaginam o que é perder nossas próprias cidades e nossas pessoas. Quem pensa assim vive em tal negação, ou está tão cego ou possui um coração tão frio, que nunca mais deveria ser escolhido para nos governar ou para receber a nossa confiança.

Aquele que não consegue compreender a nova onda de pensamento e de iluminada perspectiva que está varrendo o planeta hoje é alguém cujo tempo no poder deve acabar. Existe uma nova consciência no ar. E todos nós deveríamos contribuir com nossa voz da melhor maneira possível. É chegado o momento de redesenhar o mundo, não mais com as linhas tradicionais da geopolítica, mas com as linhas humanitárias, aquelas que procuram apaziguar o sofrimento humano desnecessário e que se tornam um novo princípio organizador da civilização humana.

É fácil rirem de nós quando dizemos tais coisas. Afinal

de contas, não era isso que dizíamos nos anos 1960? E aonde isso nos levou? Bem, nos levou ao fim de uma guerra e isso já é alguma coisa. E sem dúvida nos teria levado a muito mais se Bob Kennedy e Martin Luther King não tivessem morrido, em parte por acreditarem nisso. O erro da geração dos anos 1960 não foi a falta do objetivo correto; foi não termos percebido que devíamos ser o meio para atingir esse objetivo. "O fim é inerente aos meios", já dizia Gandhi. Devemos nos transformar na mudança que queremos para o mundo, pois, caso contrário, a mudança não vai ocorrer. Não sabíamos disso naquela época, mas sabemos agora. Estamos mais sofisticados quanto ao pensamento político e quanto ao amor. Chegamos tarde, mas estamos aqui.

Chegamos com cabelos grisalhos e ironia: a geração que declarou guerra à hipocrisia tornou-se a mais hipócrita de todos os tempos; a geração que procurou substituir as armas por flores foi a que mais substituiu flores por armas; e, se olharmos para o relógio, vamos ver que temos apenas dez minutos para despertar de nosso estupor e recuperar a nossa *moxa*[23].

Nosso maior fracasso agora é na imaginação e não na política. Temos que imaginar o mundo em paz e então começar a trabalhar. O mundo só estará em paz quando seus habitantes estiverem alojados, alimentados e educados; quando as pessoas tiverem cuidados médicos, quando as mulheres forem livres; quando mais oportunidades

---

23 - Cone diminuto composto de plantas ou de folhas de artemísia usado no processo de moxibustão. Moxibustão significa, literalmente, "longo tempo de aplicação do fogo", uma espécie de acupuntura térmica; é um ponto de estímulo de cura dentro da medicina oriental. Aqui a autora procurou definir que estamos nos aquecendo, reencontrando a nossa chama para efetivar a nossa cura. (N. do T.)

estiverem à disposição da população e quando vários de seus recursos forem distribuídos de forma equitativa. Essas coisas são essenciais para a sobrevivência futura. Imagine, por um momento, que 600 bilhões de dólares são gastos anualmente pelos EUA em despesas militares, e isso não inclui a guerra no Iraque. Se retrocedermos trinta anos, o que aconteceria se tivéssemos gasto a maior parte deste dinheiro nas preocupações humanitárias mencionadas acima? E se mais pessoas no mundo tivessem visto a bandeira americana em escolas, estradas e hospitais em vez de instalações militares? Teria sido fácil, então, destilar tanto ódio contra nós? É possível que não tivesse sequer existido o 11 de Setembro?

Tais questões são ridicularizadas pelo *status quo* político, mas neste momento nenhuma pessoa se sente detida pelo escárnio dos políticos. Aqueles que olham para o mundo de hoje com as lentes de sessenta anos atrás não são os mesmos que nos levarão para a frente. Só poderemos avançar se tivermos uma nova visão sobre onde desejamos estar ou para onde queremos ir. E não há maneira de chegarmos lá se esquecermos a nossa humanidade. Precisamos mais do que apenas derrotar o inimigo, é necessário criar mais amigos.

A política e a economia devem ser um espelho de nossa espiritualidade. Ou então será apenas uma simulação dela. A humanidade vai mudar; a única questão é saber se isso vai acontecer porque crescemos em sabedoria ou porque a dor de não mudarmos será tão intensa que não teremos outra escolha. Uma bomba nuclear vai destruir todas as empresas e todas as pessoas. Não existe nada de astuto, financeiramente ou em qualquer outro aspecto, em fazer o que desejamos sem nos preocupar com os efeitos sobre os outros. Esse tipo de pensamento deveria ser repudiado atualmente. Chegou o momento de transcender as perspectivas limitadas da modernidade e reivindicar um mundo mais esclarecido.

Conta-se que quando Emerson visitou seu amigo Henry David Thoreau na prisão, depois que ele foi condenado por seus protestos contra a guerra no México, perguntou ao seu amigo o que estava fazendo lá e Thoreau respondeu: "E o que você não estava fazendo lá?" É como se hoje qualquer pessoa que não fizesse parte do novo pensamento fosse maluca. A idade lhe dá a sensação de que aquilo que você sabe é o que você sabe, e quem não concorda com você já não tem mais o poder de fazê-lo mudar de idéia. A única justificativa para que você tenha uma opinião é a sua opinião, quer você esteja certo ou errado, e sob nenhuma condição você será silenciado apenas por suas crenças.

Uma das formas que podemos dar origem e fazer nascer um novo mundo é falando – usando o verbo – sobre a sua existência. E o amor não é uma palavra fraca; uma palavra, uma oração, um livro, um poema, uma canção... Vamos falar de amor e a nossa palavra vai prevalecer.

"MEUS OLHOS VIRAM A GLÓRIA DA VINDA DO SENHOR:/Seus pés estão esmagando a colheita onde as vinhas da ira foram armazenadas;/Ele soltou o relâmpago fatal de sua espada:/ Sua Verdade está vindo."[24]

Eu me lembro de assistir a Judy Garland cantando na televisão depois do assassinato do presidente Kennedy. Eu era muito jovem para entender a importância do que estava acontecendo, mas podia perceber pela atuação de

24 - Trecho de "The Battle Hymn of The Republic". Trata-se de um hino patriótico que ficou popular durante a Guerra Civil Americana. (N. do T.)

Judy e pelas lágrimas de meus pais que nada de bom estava acontecendo, e que aquilo faria parte da história. Essa imagem de Garland cantando ficou impressa em minha mente por mais de quarenta anos. A mensagem daquela canção é uma de minhas favoritas, diz que não importa o que aconteça, não importa quanta crueldade ou injustiça preencha o mundo, a Verdade de Deus irá prevalecer de algum jeito.

Tenho uma amiga com 34 anos que está na prisão desde os seus 17. Seu crime foi dirigir um carro durante uma negociação de maconha na qual alguém foi morto. Naquela noite, depois de nove horas de intenso interrogatório na polícia, ela foi manipulada para confessar que tinha sido a mentora da negociação. ("Assine aqui e você poderá ir para casa.") Ninguém leu os seus direitos nem chamou um advogado – ao qual ela tinha direito – e agora, essa linda mulher, que aos 17 anos não sabia como lidar com a pressão da polícia, senta-se numa cela incapaz de procurar a revogação de sua sentença, que qualquer interpretação razoável da Justiça iria aceitar. Ela sonha, e muitos sonham por ela, que chegará o dia em que será libertada do inferno e se tornará livre para aproveitar o resto de seus dias com, na medida do possível, uma vida normal.

Certa vez, perguntei a ela o que faria quando saísse da prisão. Disse-lhe que, depois que visitasse a sua família, eu a levaria a qualquer lugar que desejasse. À praia, a um *spa.*

Sua resposta? Prepare-se.

Seus olhos brilharam. "Quero ir à CVS[25]", ela disse. "Eu adoraria escolher meus próprios batons, ouvi dizer que eles têm várias cores. Só temos uma cor por aqui."

---

25 - CVS é uma rede de lojas de conveniência e farmácias nos EUA com mais de 6.200 lojas pelo país. Vende desde remédios prescritos até cosméticos e produtos de beleza, passando por materiais de fotografia e mercadorias sazonais. (N. do T.)

Seus olhos brilhavam com esperança; meus olhos brilhavam por causa das lágrimas.

E, todas as vezes que acho que minha vida não é exatamente como eu queria, penso nela. Se você ainda tem a oportunidade de acordar e fazer o que deseja, continua no jogo, consertando o que possa ter feito de errado. Algumas pessoas cometeram erros no passado e, por causa deles, estão impossibilitadas de refazê-los da forma correta.

Para que possamos "esmagar as vinhas da ira" (cancelar o ódio) e "soltar o relâmpago fatal de sua espada", Deus precisa da nossa ajuda tanto quanto precisamos da Dele.

Deus precisa de nós para que nos entreguemos aos Seus propósitos. E, para que possamos ser úteis a Ele, devemos nos tornar os canais através dos quais ele possa operar. Por isso fazemos o que fazemos, não apenas por nós, mas para a minha amiga e milhões como ela que, sabemos em nosso coração, poderiam ter sido nós.

E, ENTÃO, NO FINAL DE TUDO ISSO – após todos esses anos de lamento e conflito, realização e desilusão –, descansamos o corpo. Todos nós esperamos por aquele túnel de Luz. Aquele mundo de paz sobre o qual temos a alegria de sentir que a vida não foi tão má, no fim das contas.

A morte já foi chamada de "nossa próxima aventura" e, quanto mais envelhecemos, mais parece ser verdade. Nas palavras de Carl Jung: "Encolher-se para longe da morte é algo doentio e anormal, que rouba o significado da segunda metade da vida". É claro que não devemos ficar animados com a morte, mas devemos aceitá-la com fé – na fé de que nada existe sem o Amor de Deus, a perfeição de Deus ou os planos de Deus. Se Ele nos deixa viver aqui, então, por definição, estamos sob a luz mais brilhante.

Para mim, a maior tristeza da morte é ter que deixar

aqueles a quem mais amo. Então penso naqueles que amo e que já morreram e a quem eu verei novamente. E penso naqueles que devo deixar quando morrer, mas que um dia irão se juntar a mim do "outro lado". A criança mais nova, mesmo abençoada com a vida mais longa, vai morrer um dia. Portanto, seja o nosso trem mais rápido ou mais lento, estamos todos no caminho para o mesmo destino. E, no Universo de Deus, o único destino é o Amor.

O fato de sabermos que vamos morrer não torna a vida menos importante, na verdade a torna mais importante. A consciência de nossa mortalidade cria um senso de urgência para usar a vida sabiamente, para apreciá-la plenamente, para amar mais profundamente, enquanto ainda estamos aqui. Existe um pensamento mágico na juventude: a maioria dos jovens tem o pensamento secreto de que podem enganar a morte. ("A morte não vai ousar me levar!") E com esse falso senso de que a vida vai durar para sempre vem um desprezo casual para a seriedade da vida. Quando eu era jovem, as únicas coisas que levava a sério eram as coisas sem importância. Só quando fiquei mais velha pude perceber o quão importante é a simples existência da vida.

Quando você é jovem, nunca lhe ocorre que não poderá telefonar a um amigo infinitamente. Depois de compreender plenamente que todas as experiências no mundo material são finitas, você ficará impressionado sobre quanto é importante fazer uma ligação telefônica.

Abusamos de coisas que não temos idéia de que sejam tão fugazes. Quando somos jovens, não sabemos – exceto intelectualmente e mesmo assim não acreditando nisso – que não vamos ter sempre brilho ou energia inesgotável. Quando a idade nos obriga a ver quanto já terminou, ficamos chocados e feridos ao perceber quantas coisas acabaram e não voltarão mais. Mas, então, algo acontece depois que o choque desaparece... algo sutil, embora imenso. O que acontece é contrário ao pensamento do mundo. Sempre vemos pessoas mais velhas, seja no jantar ou no teatro, e olhamos para a sua vida diminuta com piedade. O que não percebemos – e como poderíamos perceber? – é que muitos desses homens e mulheres estavam vivendo num Universo Paralelo de onde eles nos olhavam com pena, porque ainda não tínhamos entendido a plenitude da vida. Eles estavam provavelmente se divertindo mais do que pensávamos. Estavam vendo coisas que nós não víamos. E o que aconteceu agora é que nós entramos em suas salas e elas não eram o que nós esperávamos. Elas são o que quisermos que seja.

*Deus,*
*Enquanto envelheço,*
*Faça-me ser cada vez mais*
*A pessoa que deseja que eu seja.*
*Para que eu conheça a alegria da vida*
*Antes que meus dias terminem.*
*Amém.*

EU ENTREVISTEI UMA MULHER EM MEU PROGRAMA DE RÁDIO que sofre de lúpus há vinte anos; ela esteve casada com um homem durante muitos anos até que ele, numa noite de Natal, enquanto ela embrulhava os presentes dos filhos, disse que não queria mais continuar casado; ela perdera uma de suas crianças em um violento acidente; e agora está casada com um alcoólatra ativo. Fiquei admirada com a força dessa mulher, que acorda disposta a enfrentar um novo dia. Qualquer uma dessas coisas teria me nocauteado durante anos.

Não sei o que é que nos mantêm de pé. Quando eu penso no que as pessoas passaram – de Auschwitz até Ruanda, do Iraque até os americanos tentando sobreviver –, dificilmente conseguiria suportar. Algumas vezes acho que os oceanos são a manifestação material das lágrimas da humanidade. É evidente que existe uma certa tenacidade, um profundo desejo de manter-se caminhando que fica no coração da experiência humana. Não penso que nós nos apegamos à vida apenas porque temos medo da morte. Acho que nos apegamos a ela pelo desejo profundo de conhecer as coisas que ainda não aconteceram. Tal como o salmão nadando apressadamente corrente acima, sabemos instintivamente que estamos aqui para continuar o processo da vida. Que somos o processo da vida. E, como tal, estamos aqui para contribuir para um projeto maior do que aquele que nossos Seres Individualizados seriam capazes de entender, e muito menos descrever.

No final da obra prima de Stanley Kubrick, *2001: Uma Odisséia no Espaço*, um bebê é visto flutuando no espaço. Este é o objetivo final: o nascimento de uma nova humanidade. No entanto, se aquela criança está para nascer, ela precisa de pais e mães – e isso quer dizer você e eu. Concebida em nossa mente e coração, será alimentada por nossas ações compassivas. Este novo e encantado ser está sendo gestado dentro de nós. Guerras e rumores de guerras avolumam-se, é verdade. Mas as pessoas continuam amando. As pessoas continuam buscando reparar seus erros. As pessoas continuam perdoando e pedindo perdão. E as pessoas continuam a ter esperança e a rezar. O ponto é: quando encararmos a face da morte, devemos proclamar mais vida. E é isso que estamos fazendo.

Eu acredito num Deus compassivo, para quem basta

apenas um momento de oração, um momento de genuíno desejo de fazer com amor as coisas certas, para inspirar Sua intervenção no drama irresponsável de uma humanidade temerária. Quando olharmos para dentro de nós, não para trás nem adiante, poderemos ver uma luz mais brilhante em vez das trevas do mundo, uma esperança que ultrapassa a compreensão do mundo e o Amor que é maior do que o ódio.

Ao vermos essa luz, devemos segui-la até o renascimento da humanidade. Embora o nosso trabalho seja árduo e demorado, estamos nascendo para algo muito precioso. Estamos nascendo para a nossa verdade. E nunca iremos concordar, nunca mais, em sermos menos do que somos na verdade.

*Deus,*
*Que o Amor prevaleça*
*No mundo e dentro de nós.*
*Amém.*

# Agradecimentos

Normalmente, há apenas um nome nas capas dos livros, mas quase todos eles são, em geral, um esforço coletivo. Essa foi a mais absoluta verdade, no que se refere a este livro.

Quero agradecer profundamente a:

Maya Labos, por ter me levado à Hay House. Foi como voltar ao lar.

Reid Tracy, por ter me oferecido uma casa.

Louise Hay, pela tremenda energia aos 80 anos.

Shannon Littrell, pela ajuda generosa nos manuscritos.

Jill Kramer, Amy Rose Grigoriou, Courtney Pavone, Jacqui Clark, Margarete Nielsen e Jeannie Liberati da Hay House – pelo profissionalismo e gentileza.

Wendy Carlton, pelo trabalho de edição, que me inspirou e me ensinou demais.

Andrew Harvey e Andrea Cagan, meus "parteiros literários" – por terem me trazido a este caminho, me fazerem sentir bem aqui e insistindo para que eu permaneça nesta trilha.

Tammy Vogsland, por manter o chão sob meus pés enquanto escrevia.

Wendy Zahler, pelo apoio e pelos excelentes vegetais...

Richard Cooper, Diane Simon, Alana Stewart, Alyse Martinelli, Carolyn Samuell, Matthew Allbracht, Stacie Maier, David Kessler, David Perozzi, Victoria Pearman, Suzannah Galland, Lila Cherri e Gina Otto, pelo conforto de sua amizade. E Mary Ann Cheek, pelos confortos em casa.

Minha mãe, por tudo. E Ella Gregoire, pelas bênçãos extraordinárias.

Oprah Winfrey, pelas incessantes oportunidades ao mundo e à minha alma.

Wayne Dyer, pelo calor que sinto ao meu redor, mesmo distante.

Bob Barnett, pelos sábios conselhos.

India, pela esperta ajuda editorial e milhões de outras coisas.

Às muitas pessoas ao redor do mundo que apoiaram meu trabalho com tanta amabilidade, com mais gratidão do que possam imaginar.

E a alguns outros, claro – vocês sabem que me refiro a vocês...

Este livro foi impresso pela Prol Editora Gráfica
para a Editora Prumo Ltda.